Edition

Vous trouverez dans cet ouvrage plus de 120 inspirations pour votre futur tatouage - papillon.
Du style minimaliste au style plus traditionnel, vous saurez trouver votre bonheur !

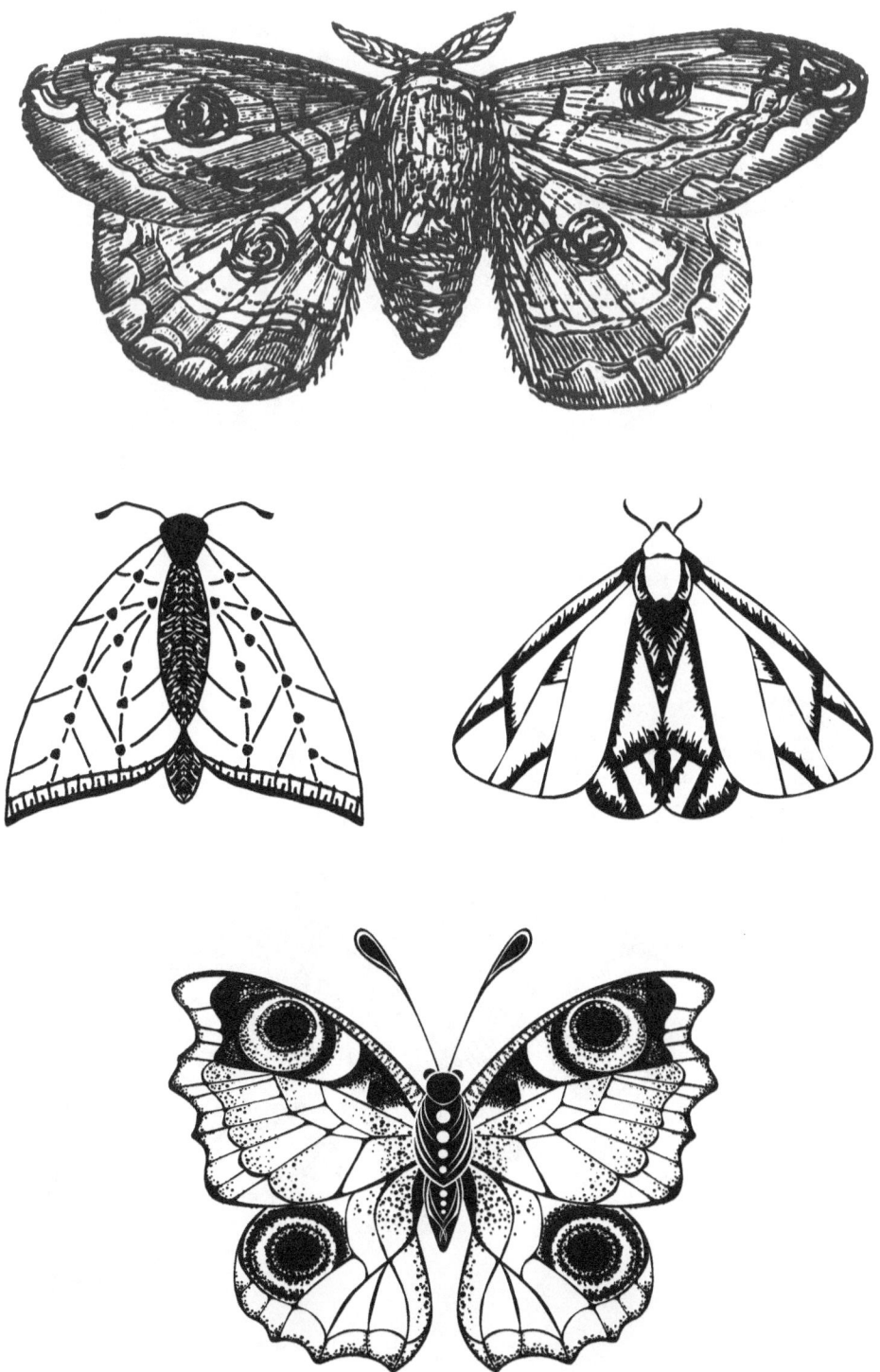

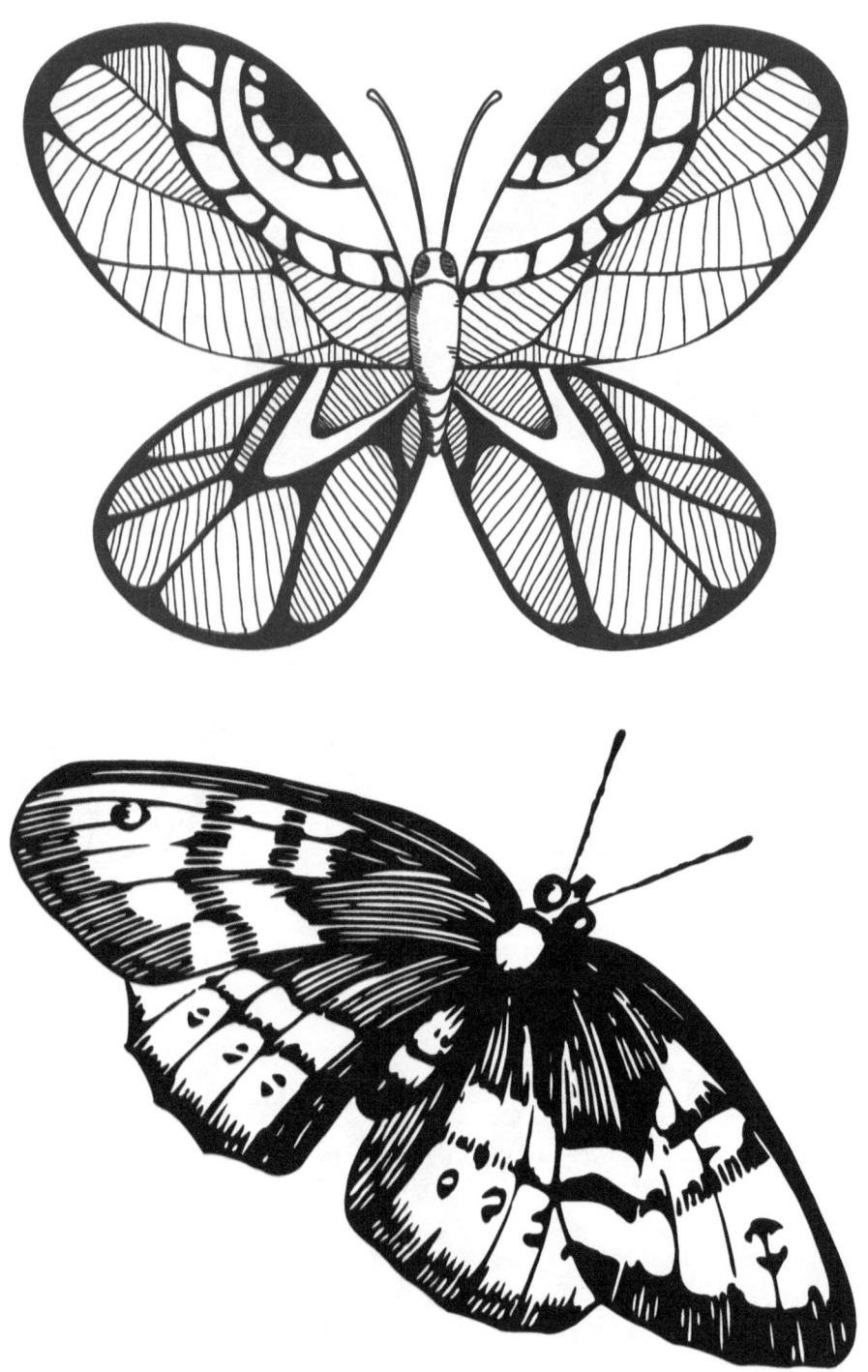

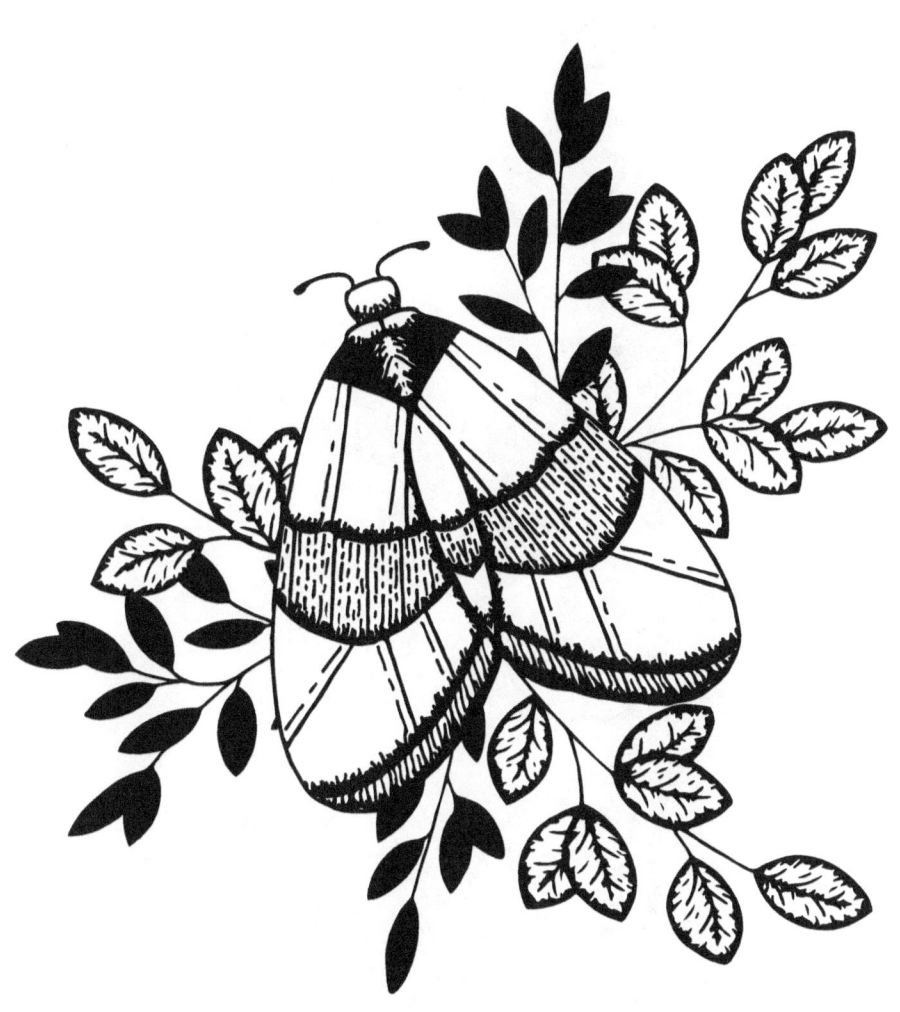

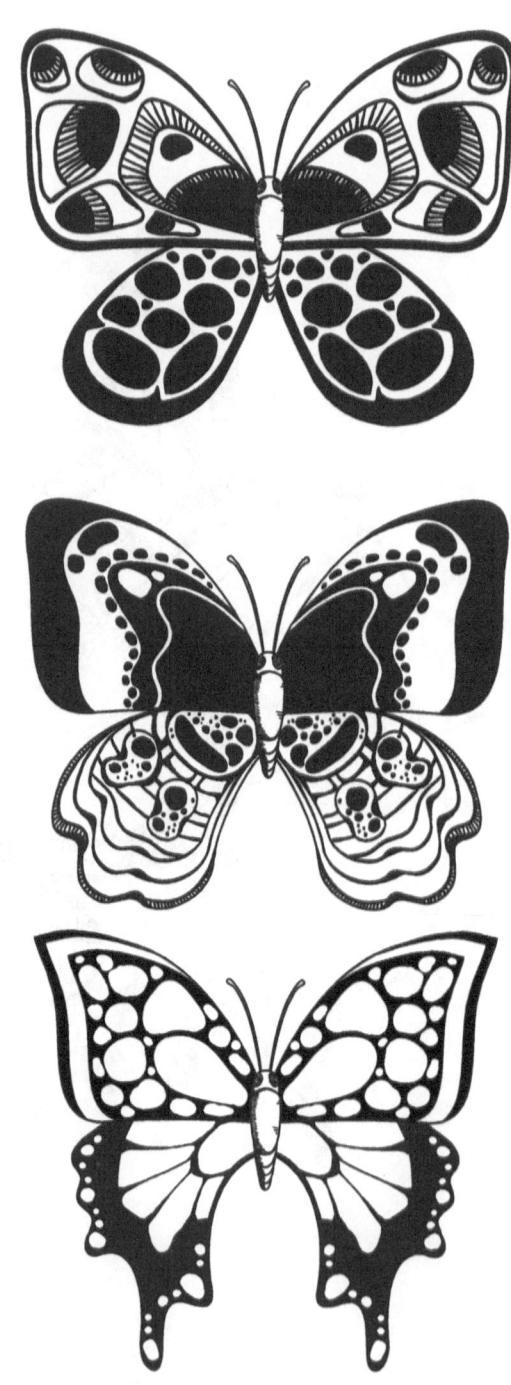

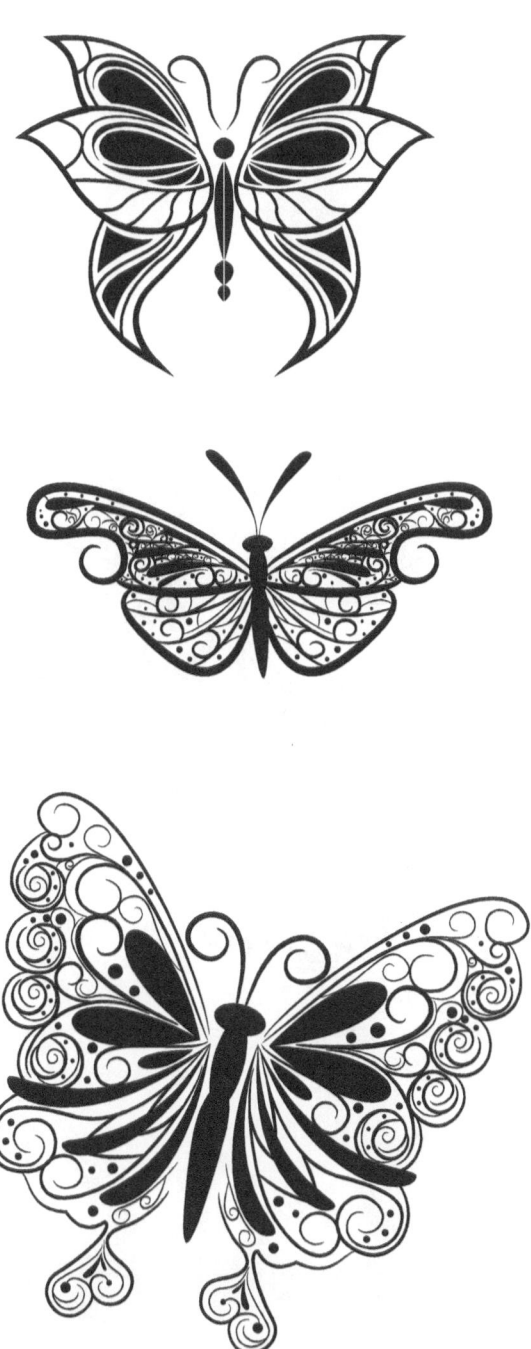

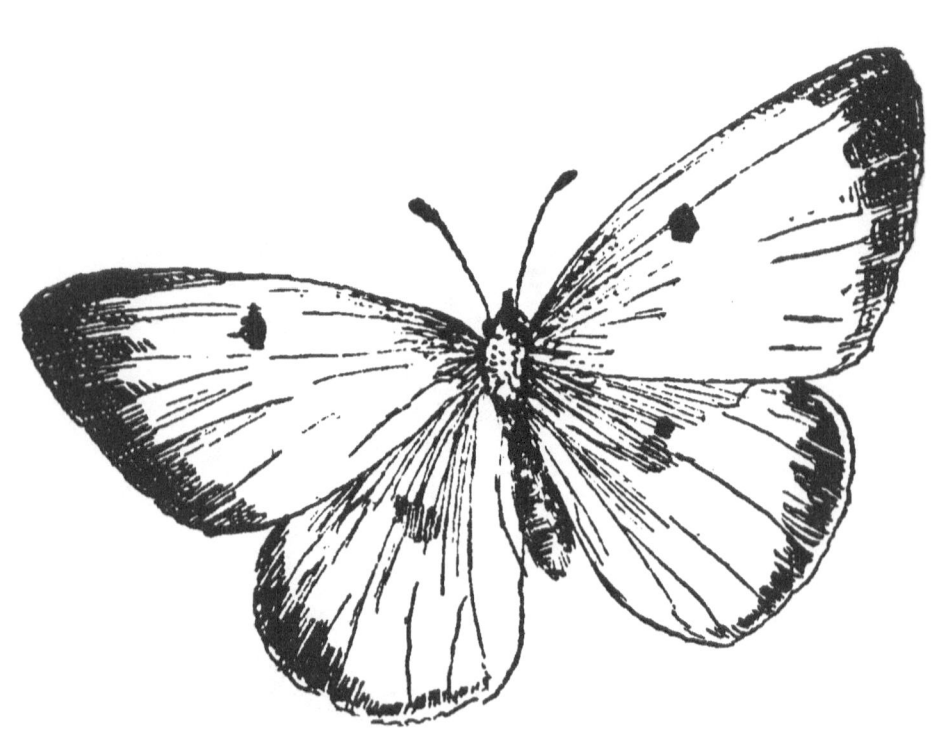

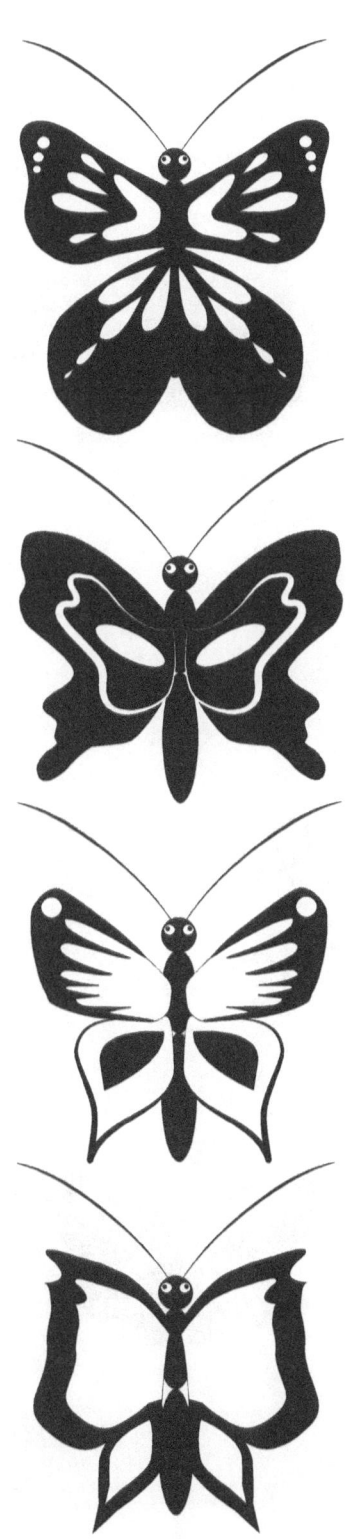

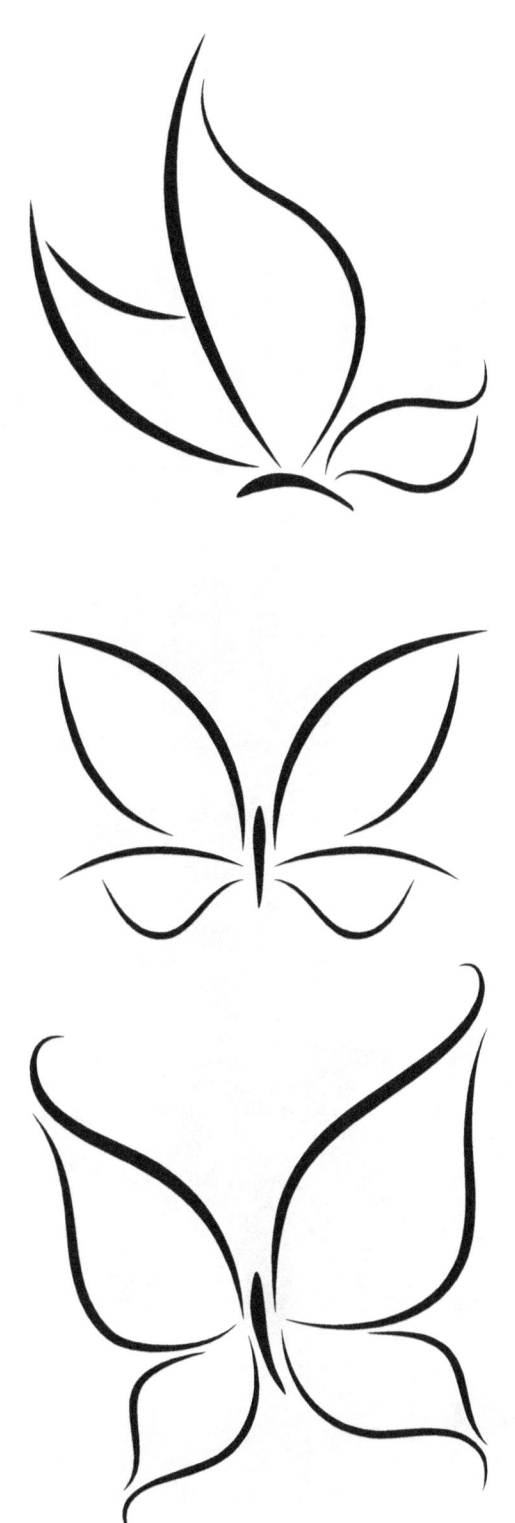

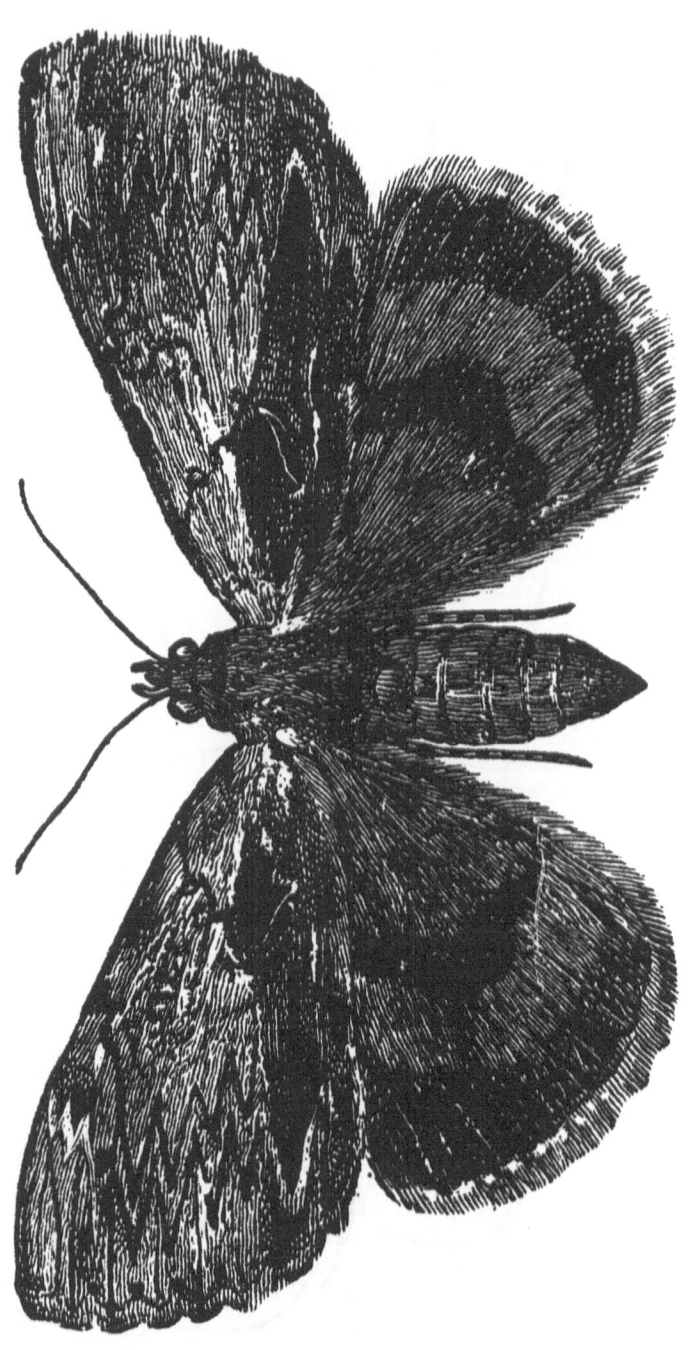

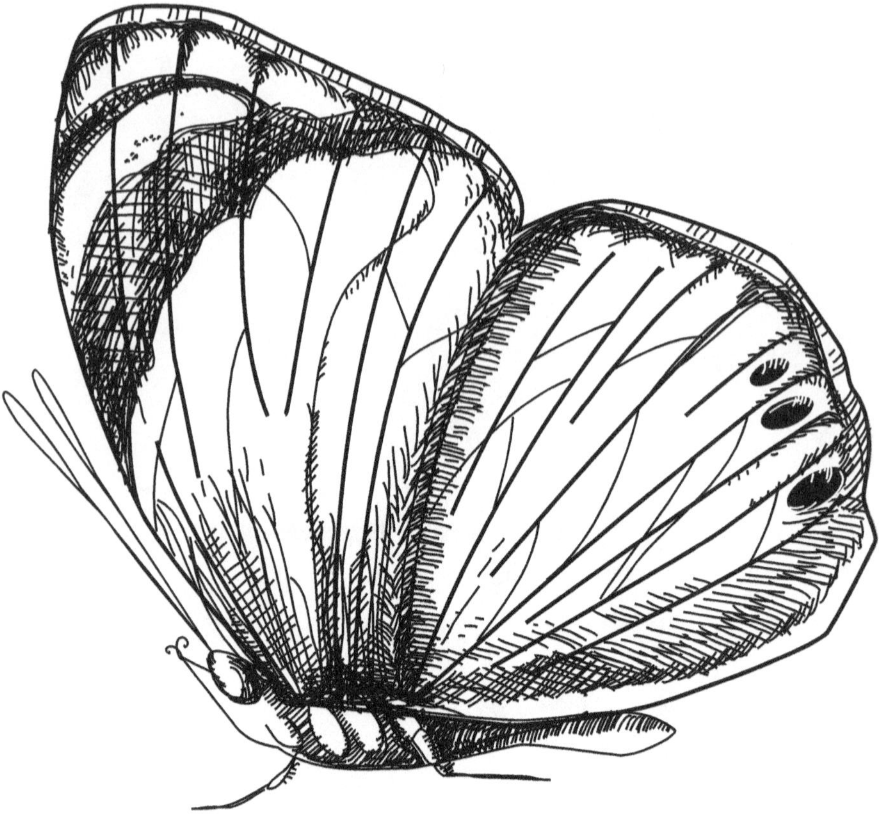

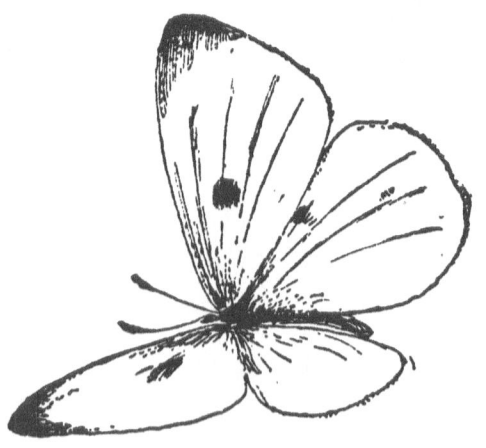

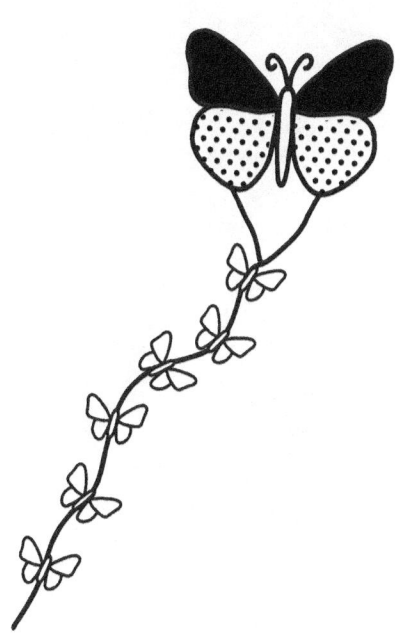

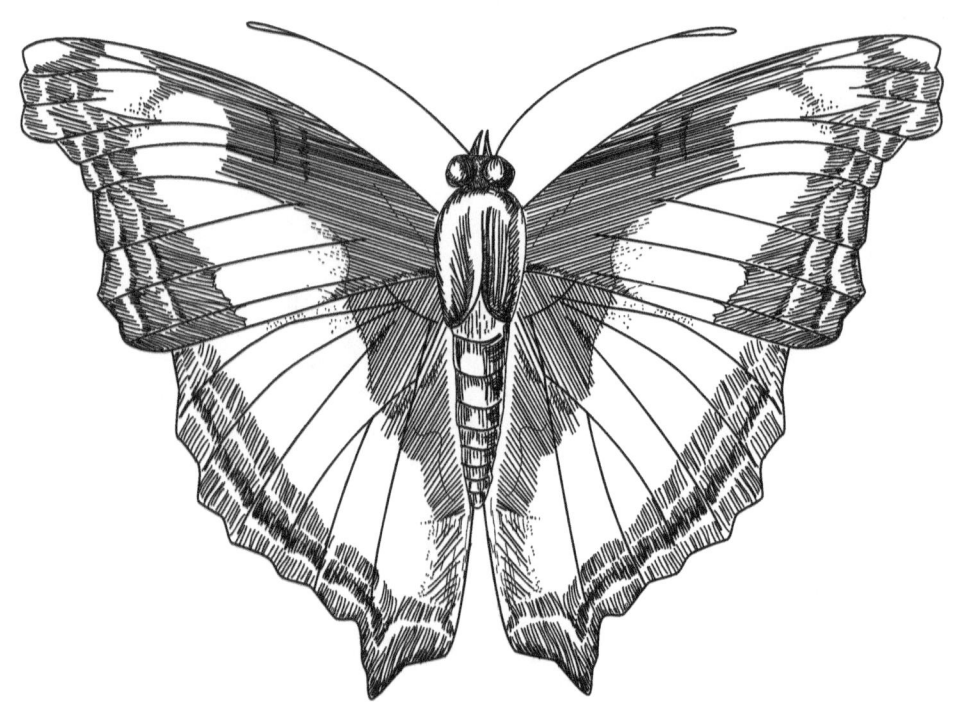

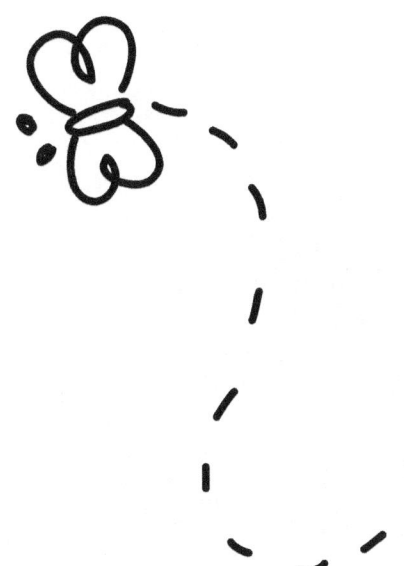

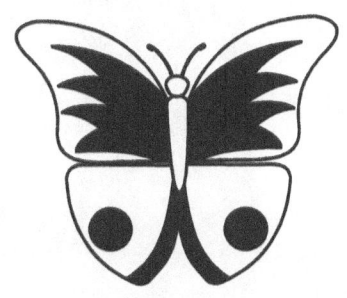

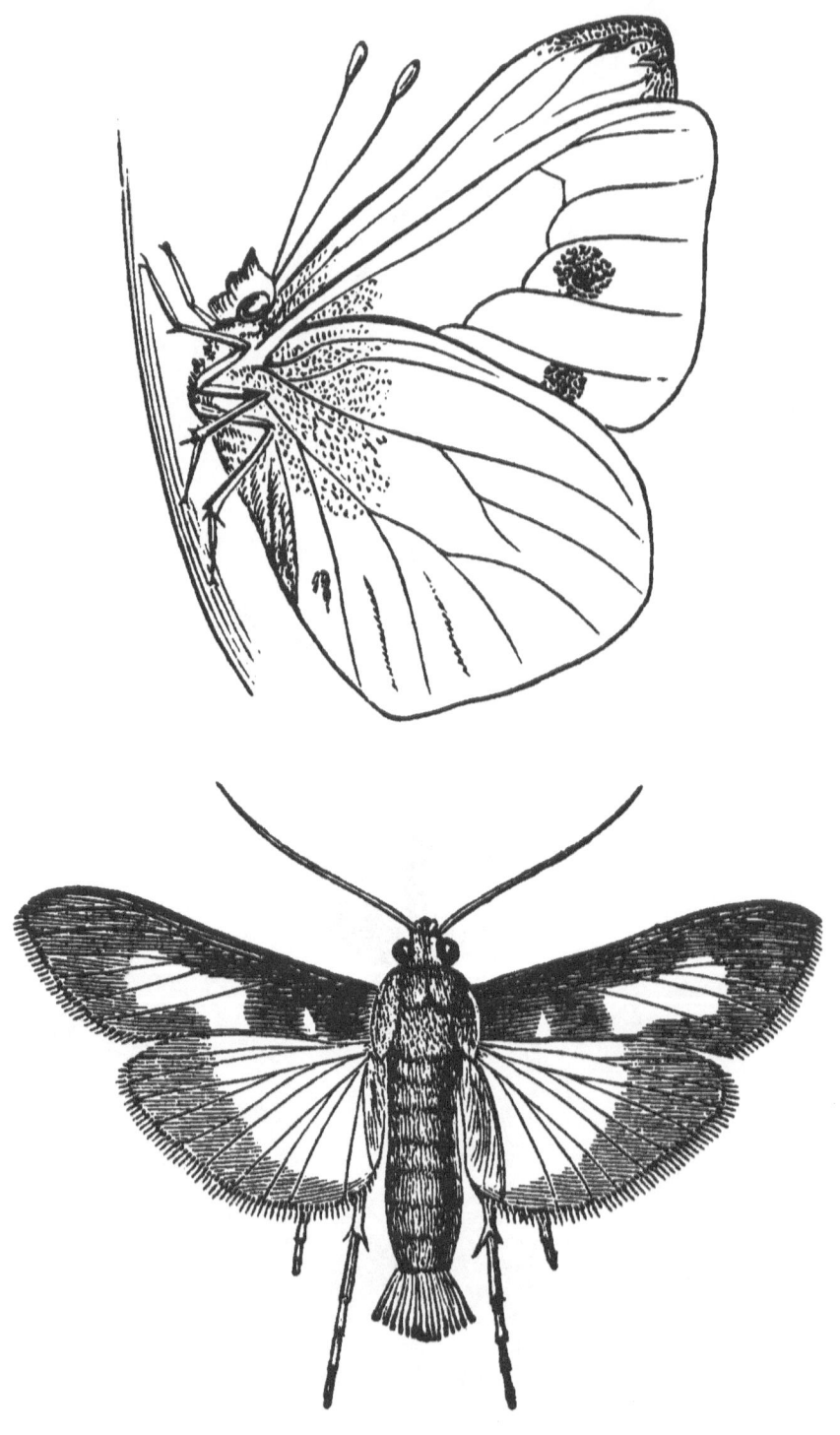

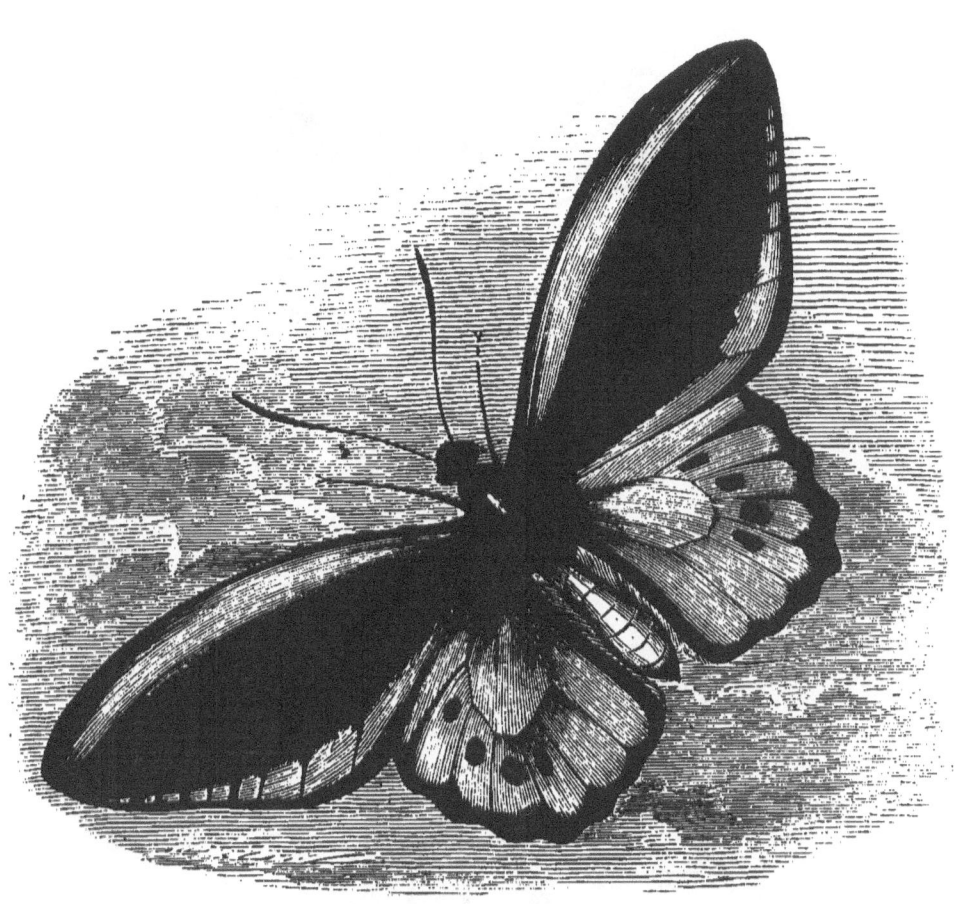

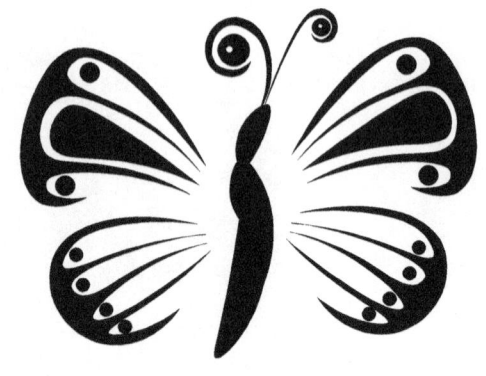

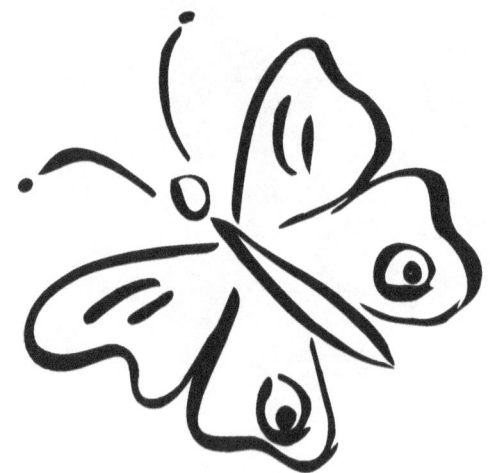

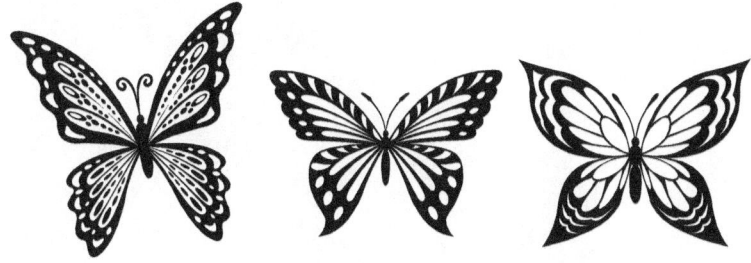

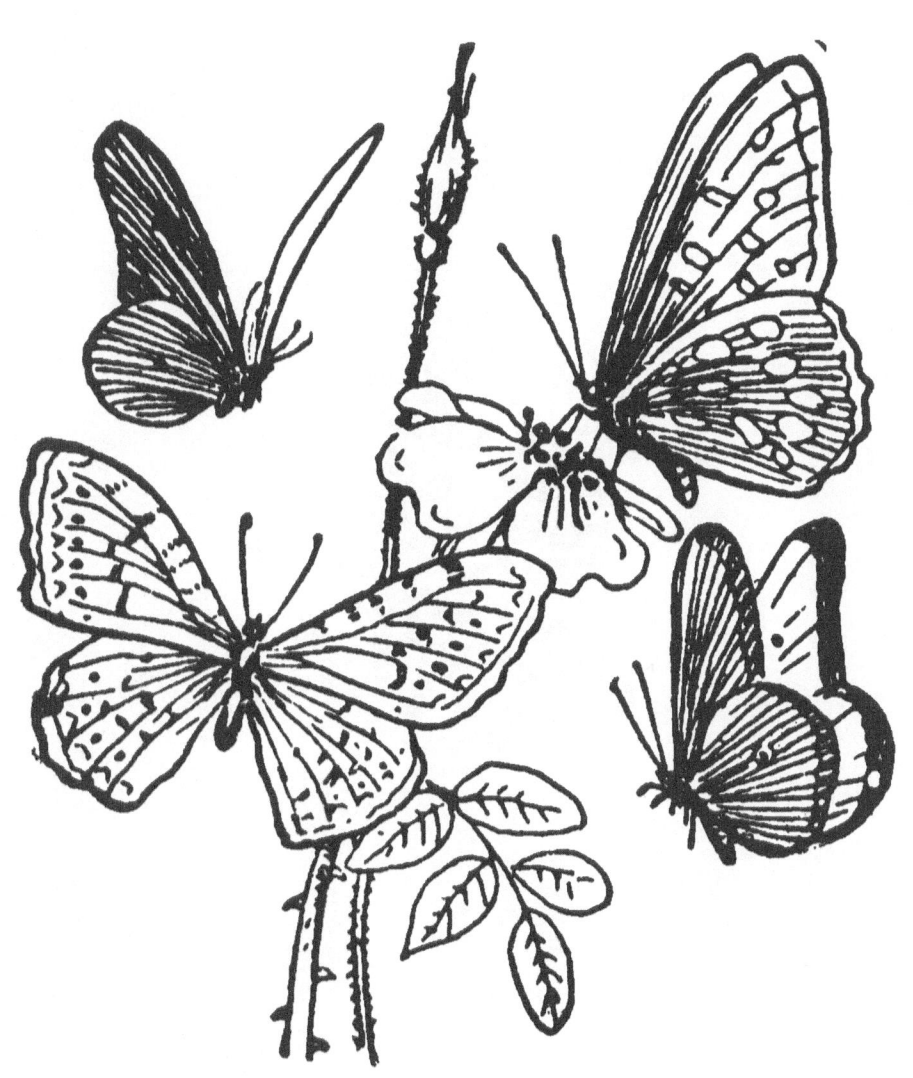

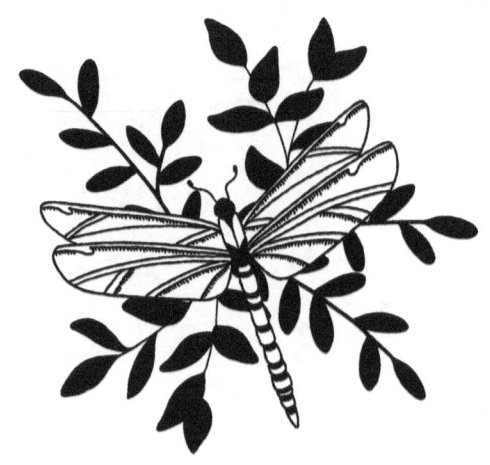

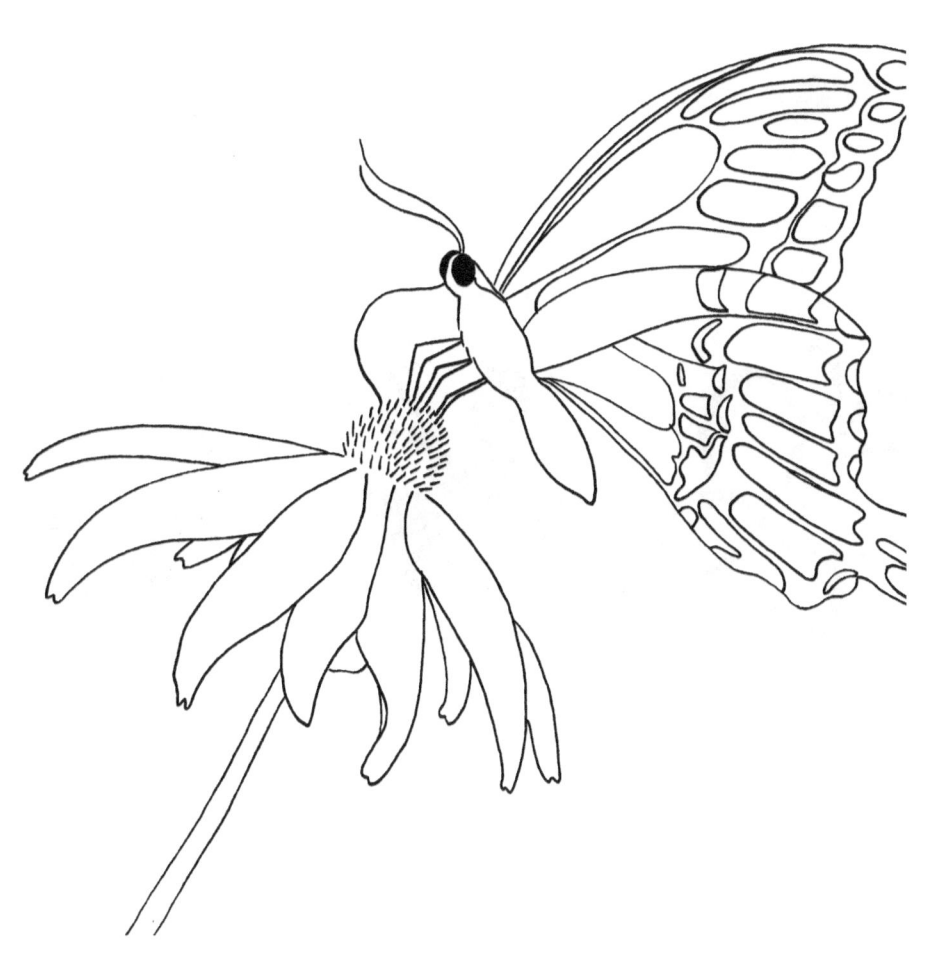

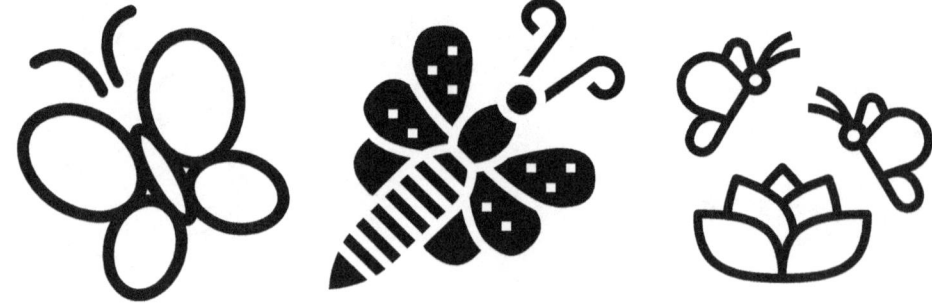

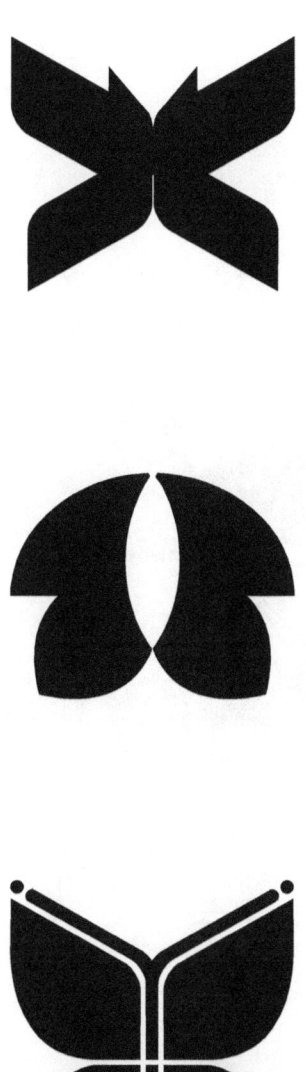

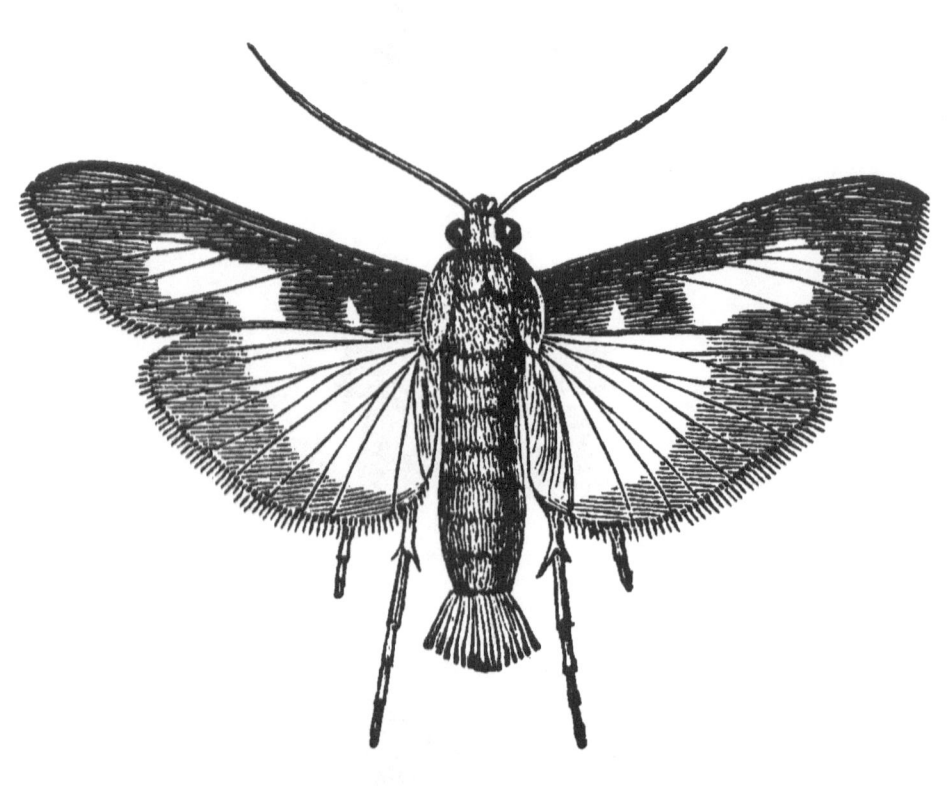

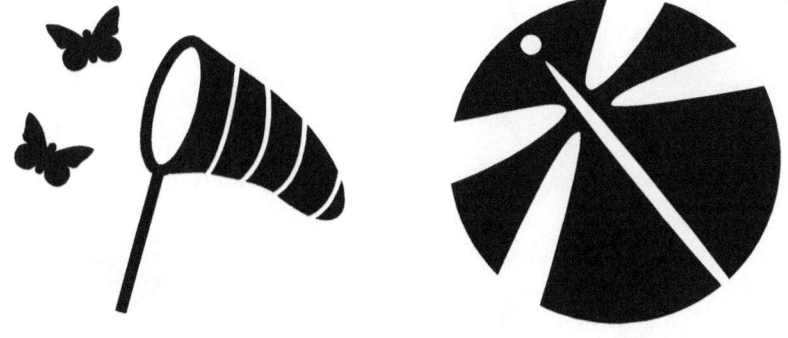

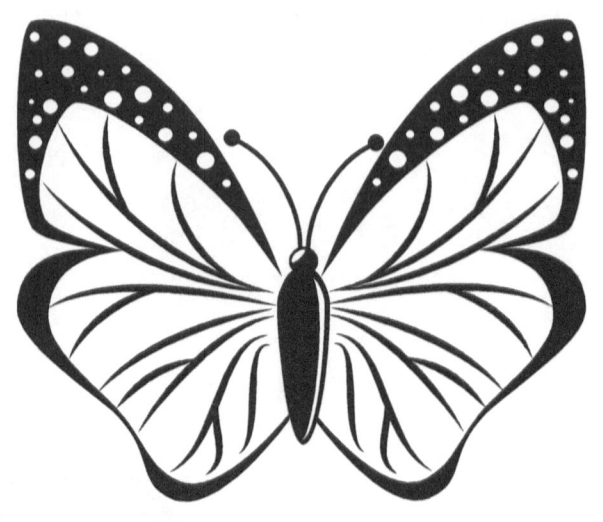

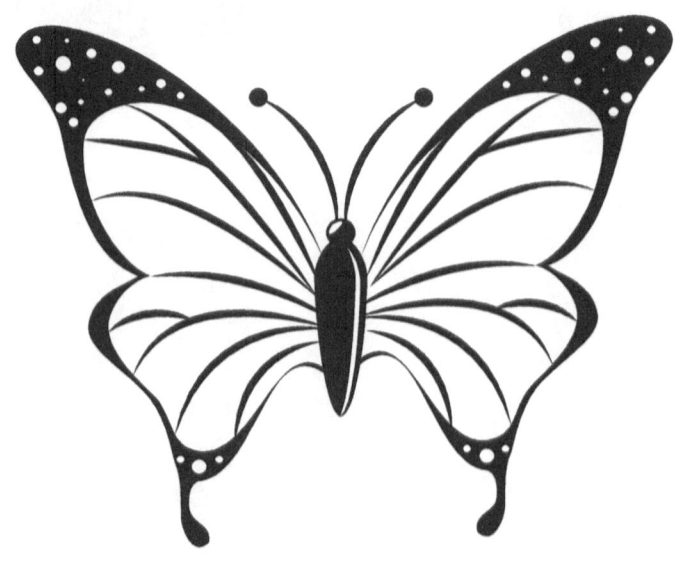

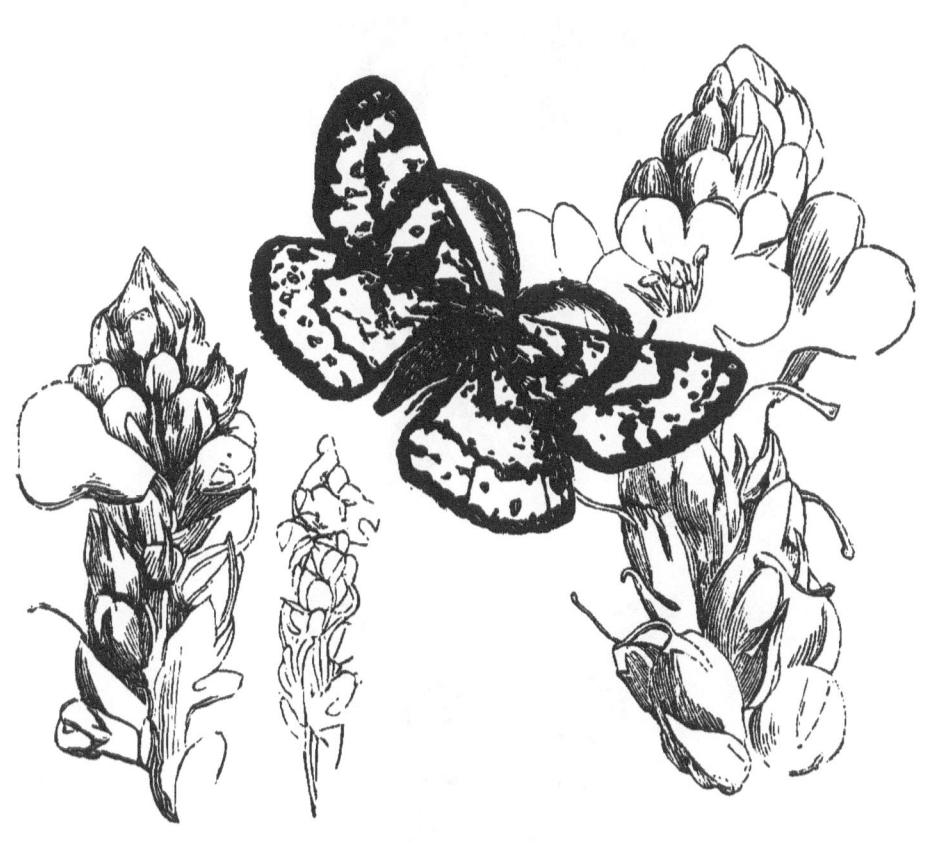

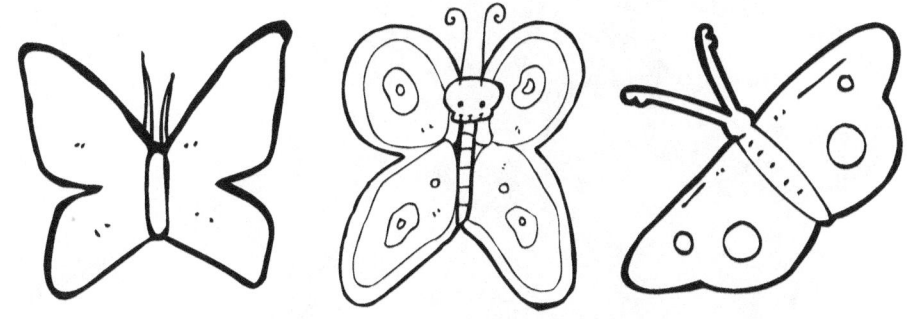

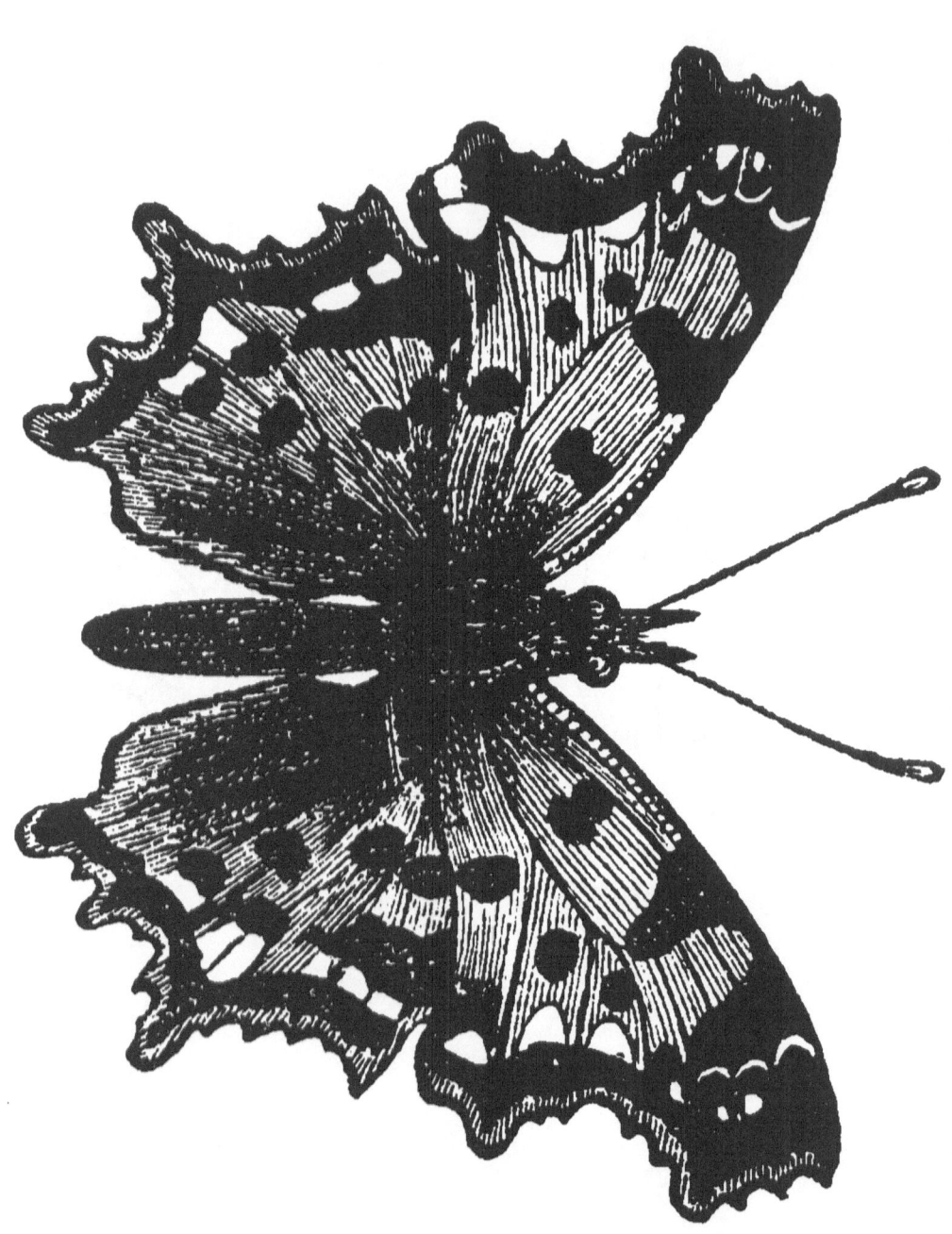

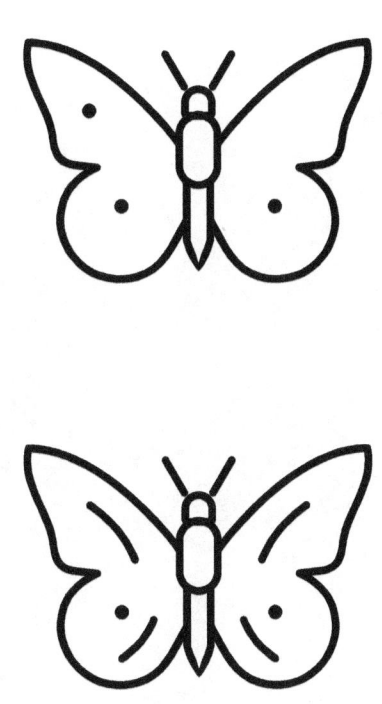

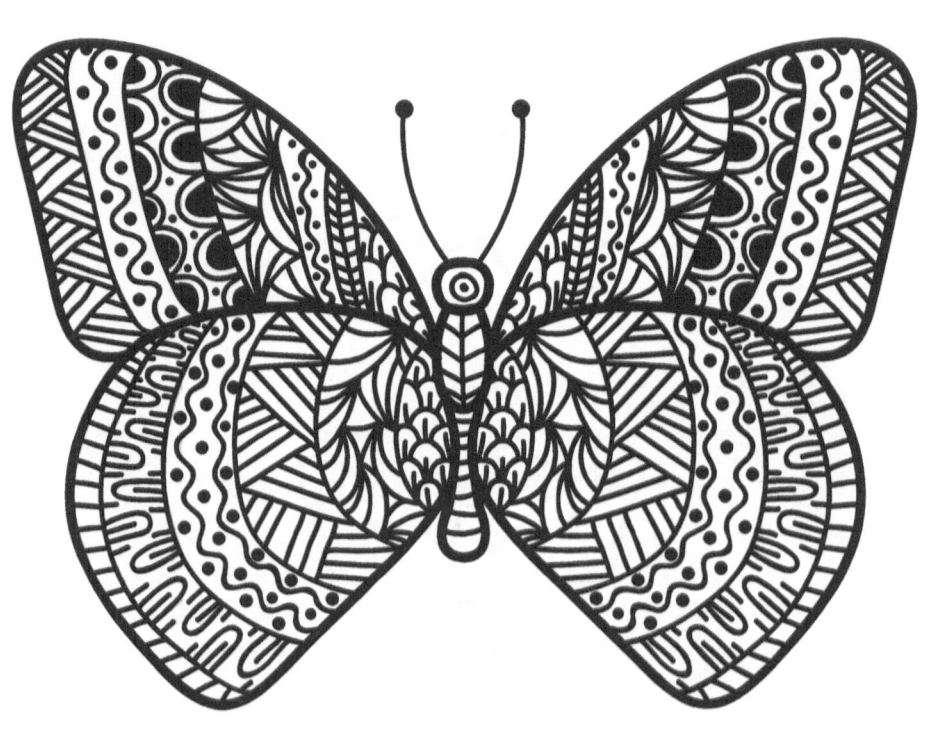

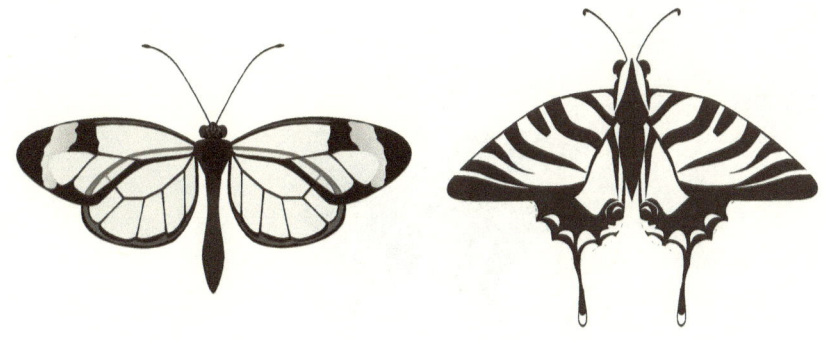

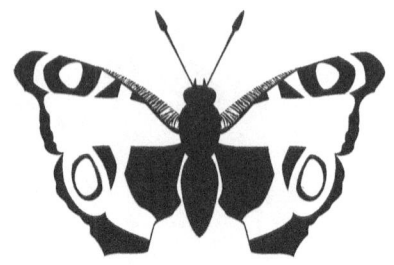

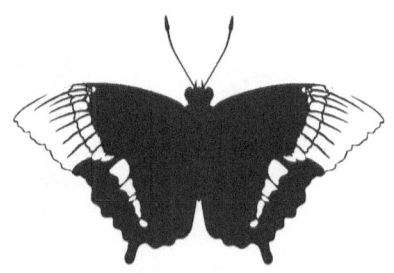

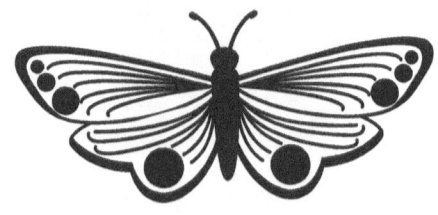

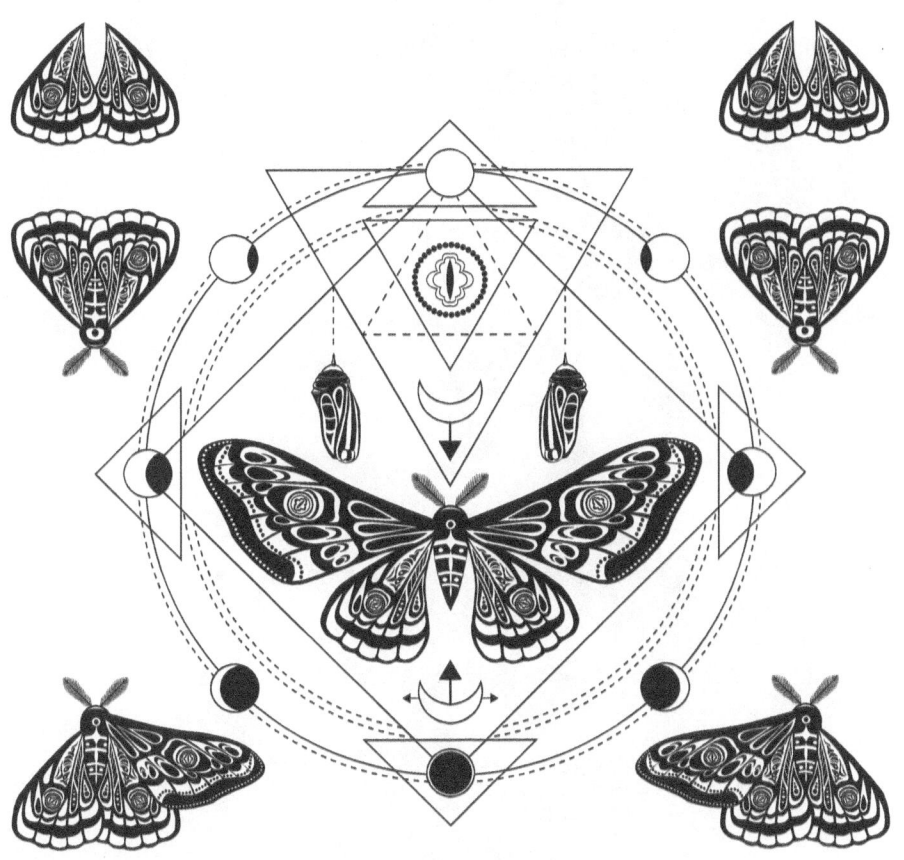

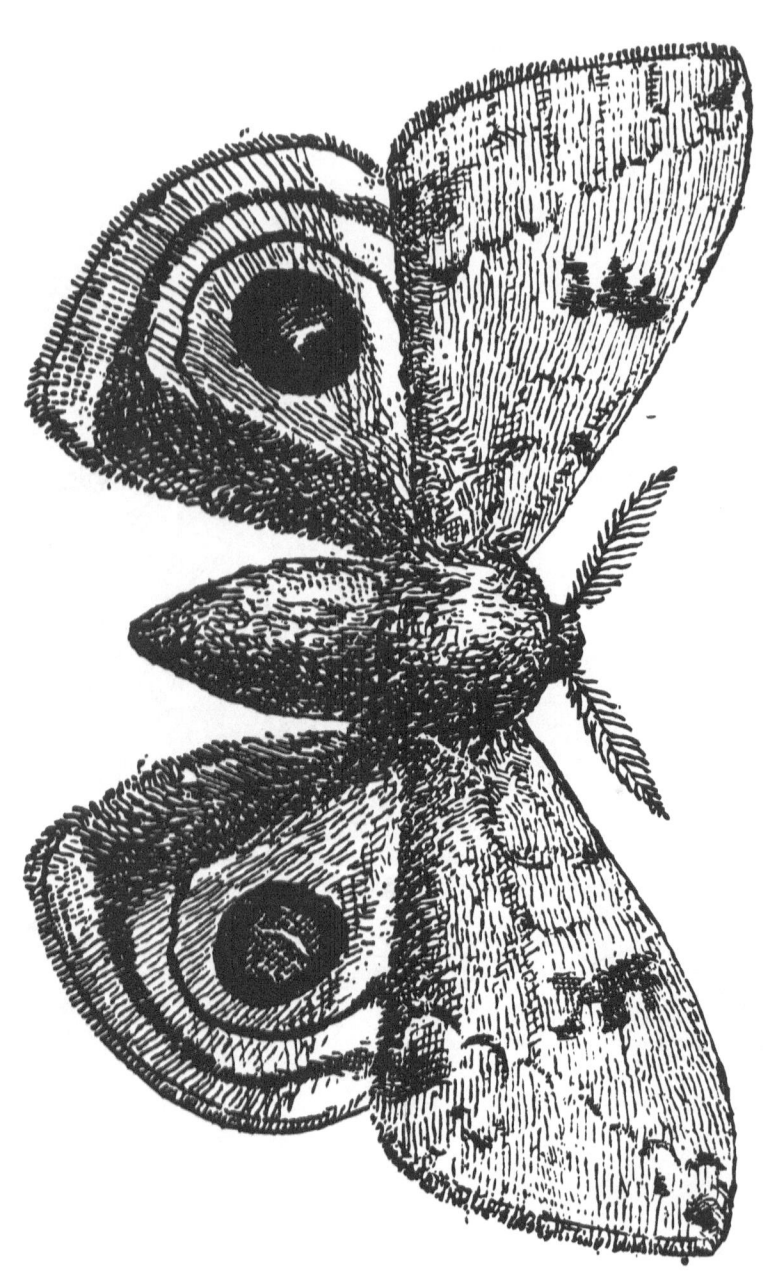

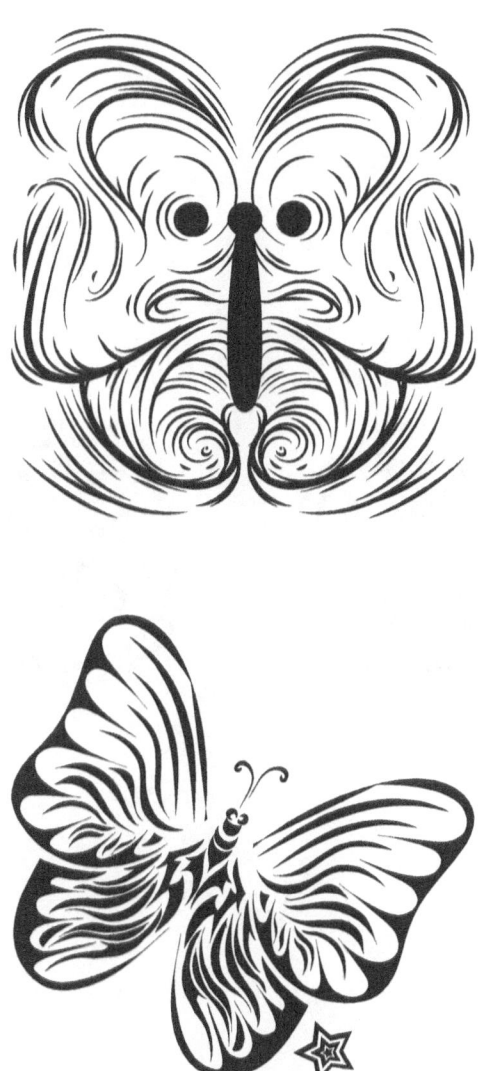

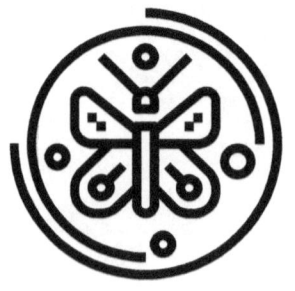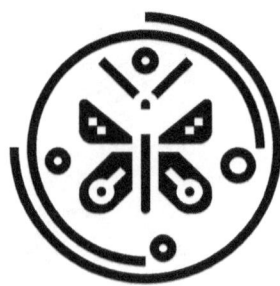

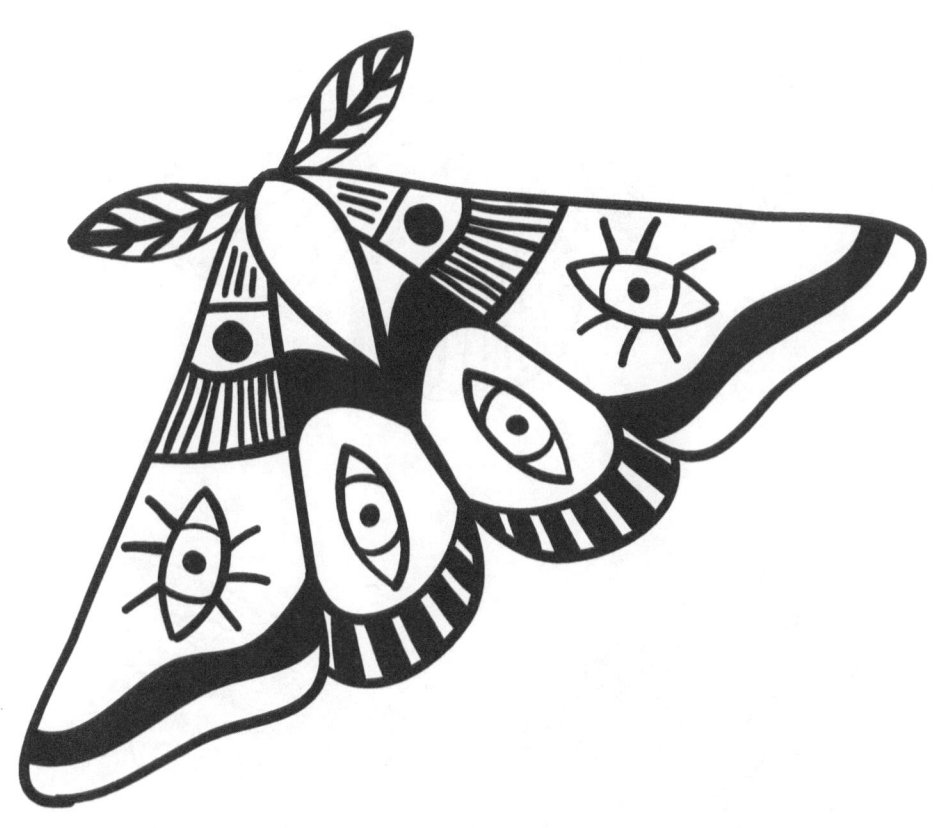

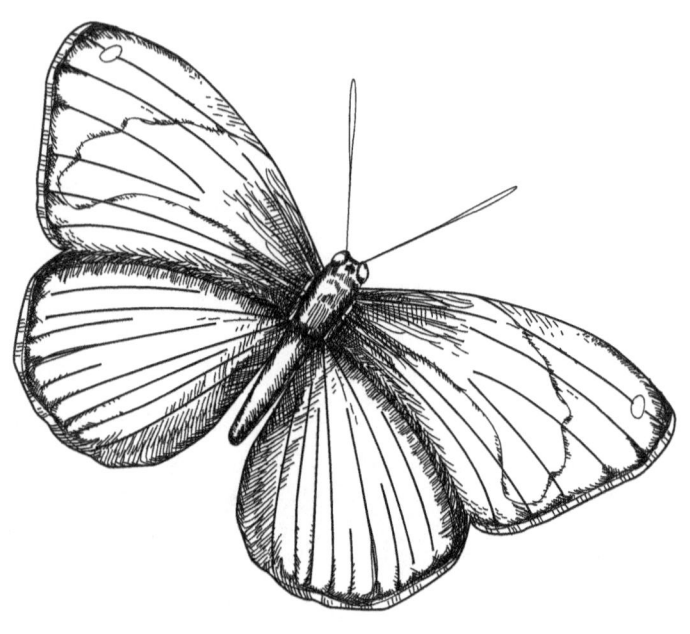
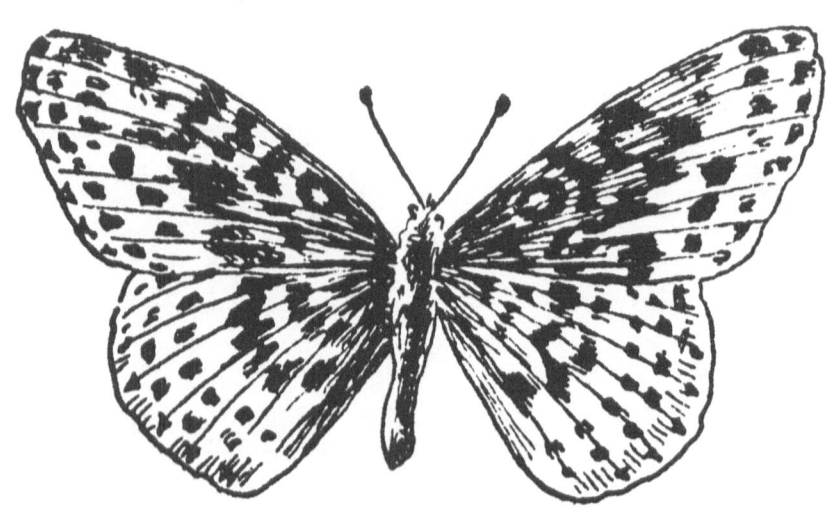

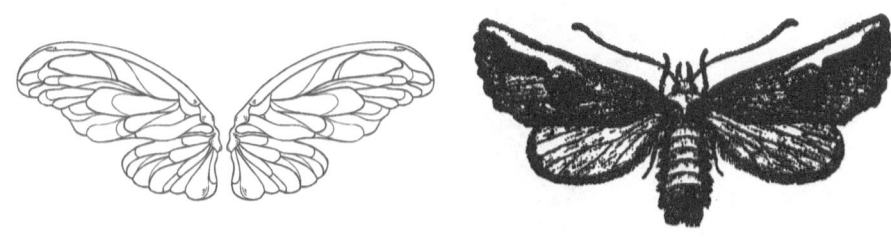

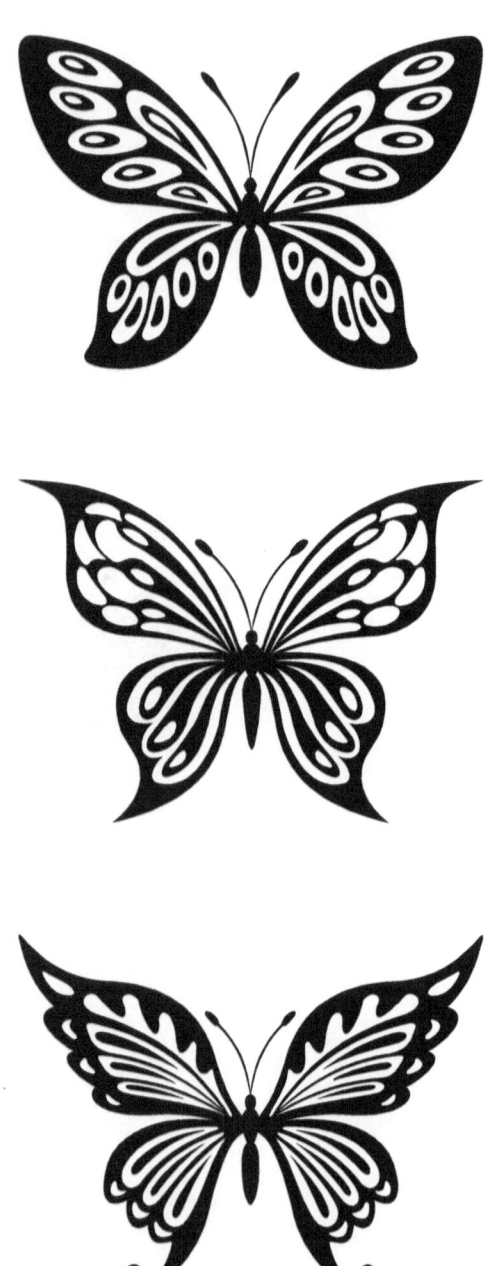

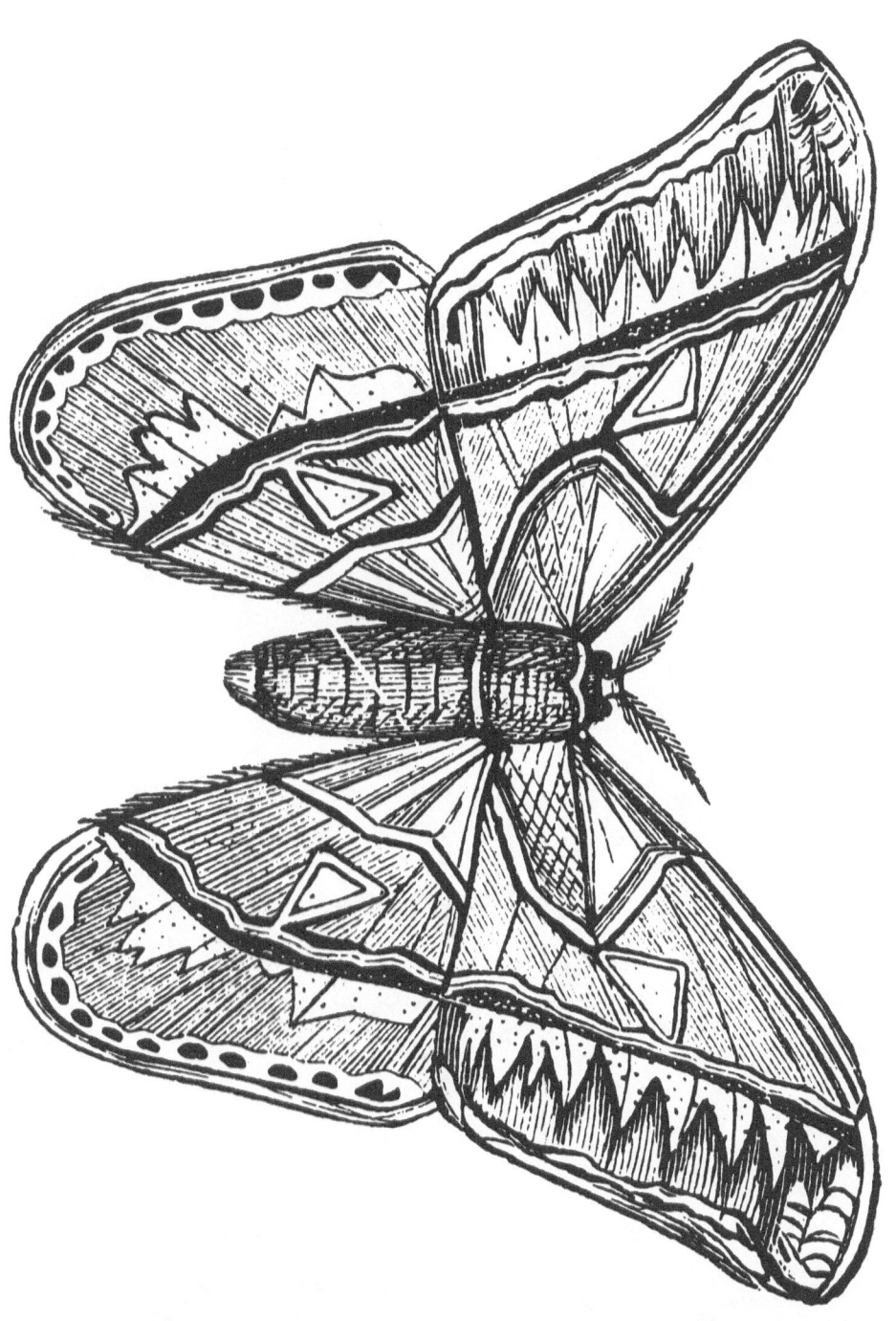

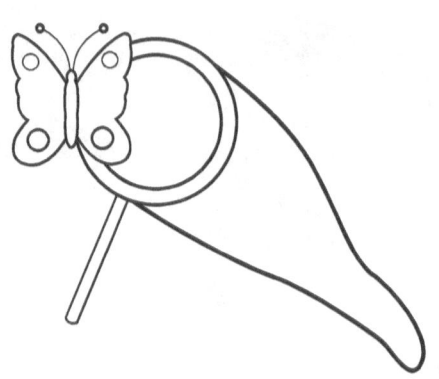

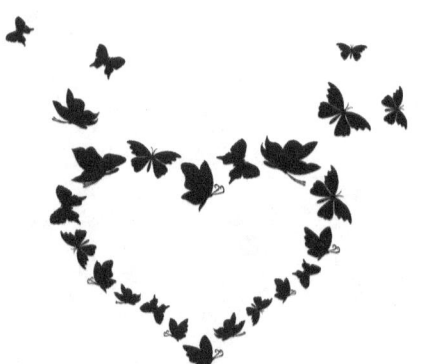

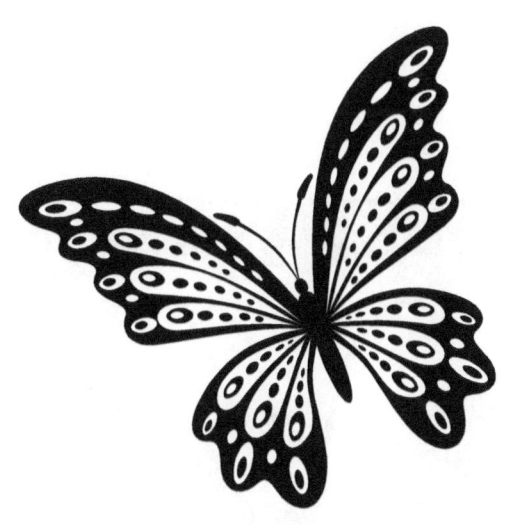

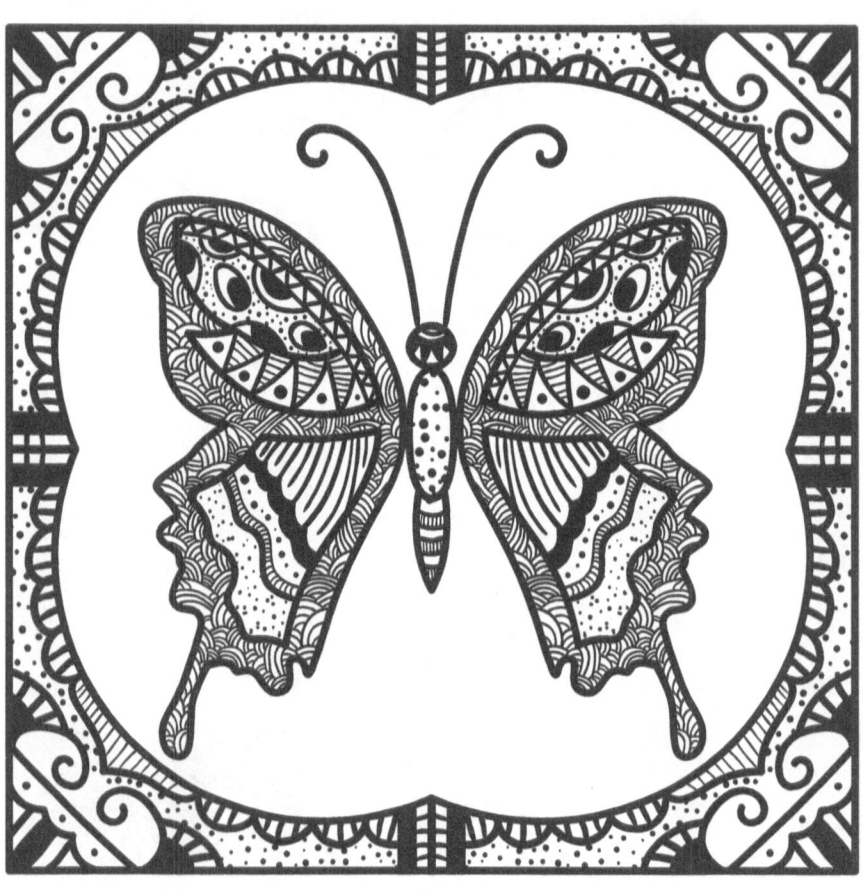

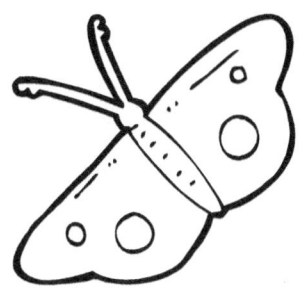

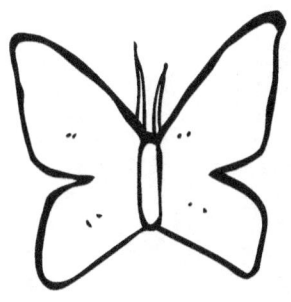

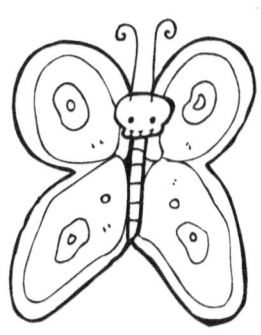

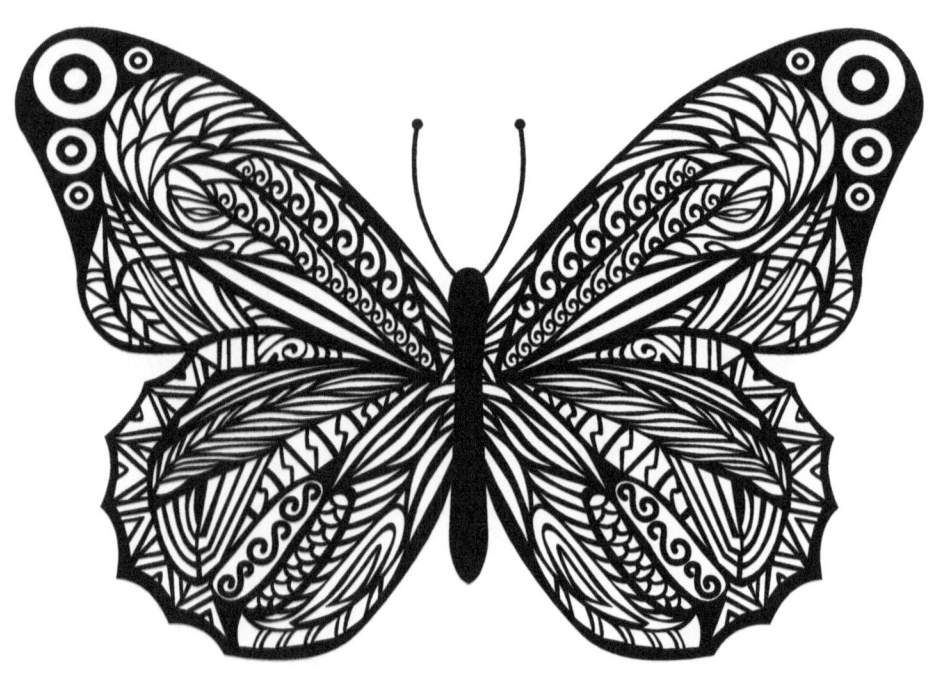

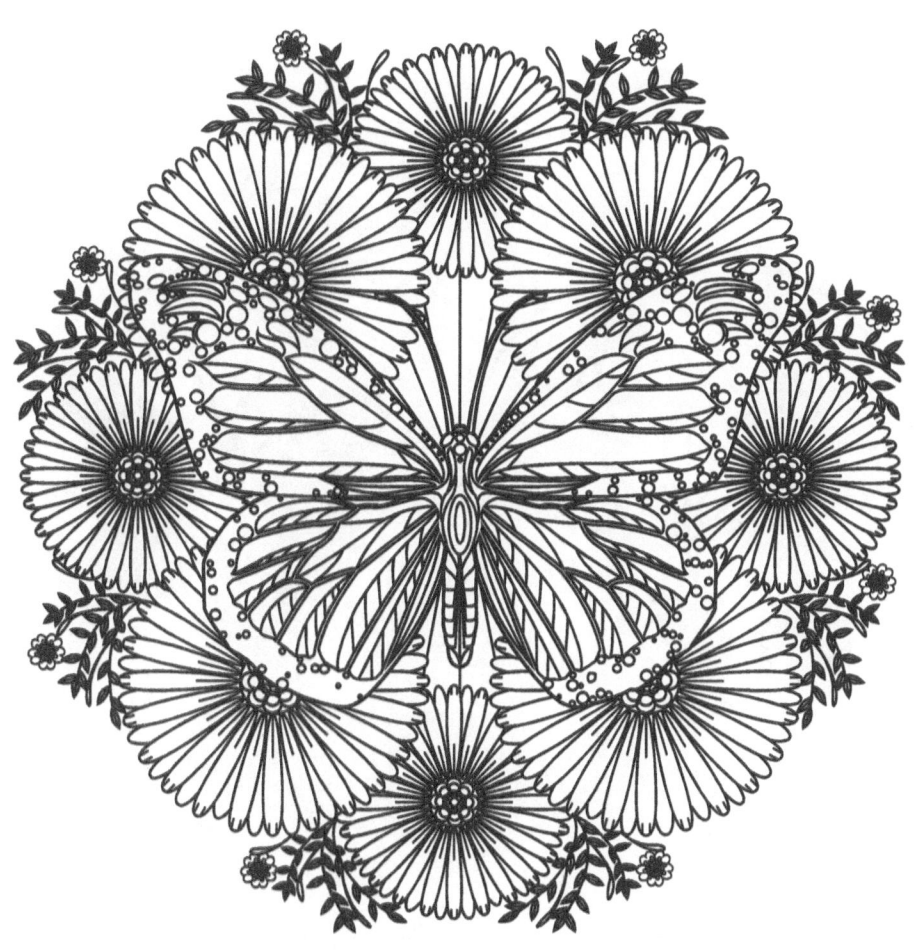

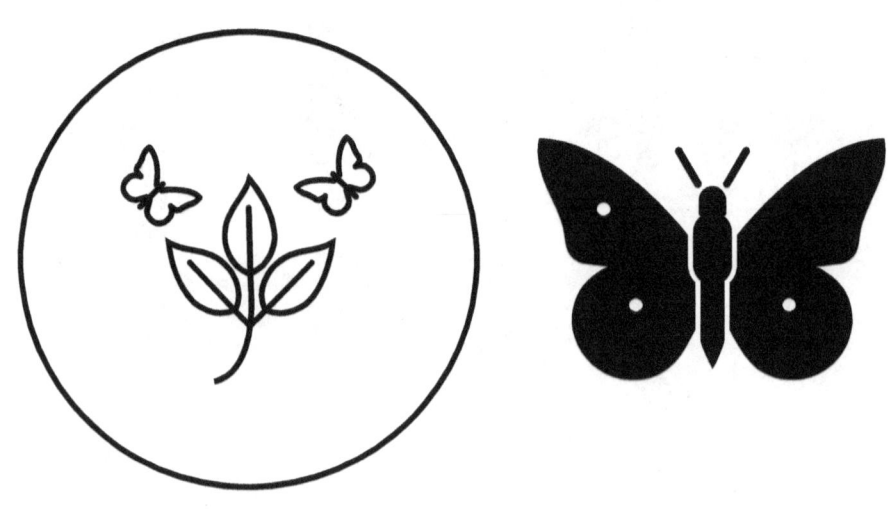

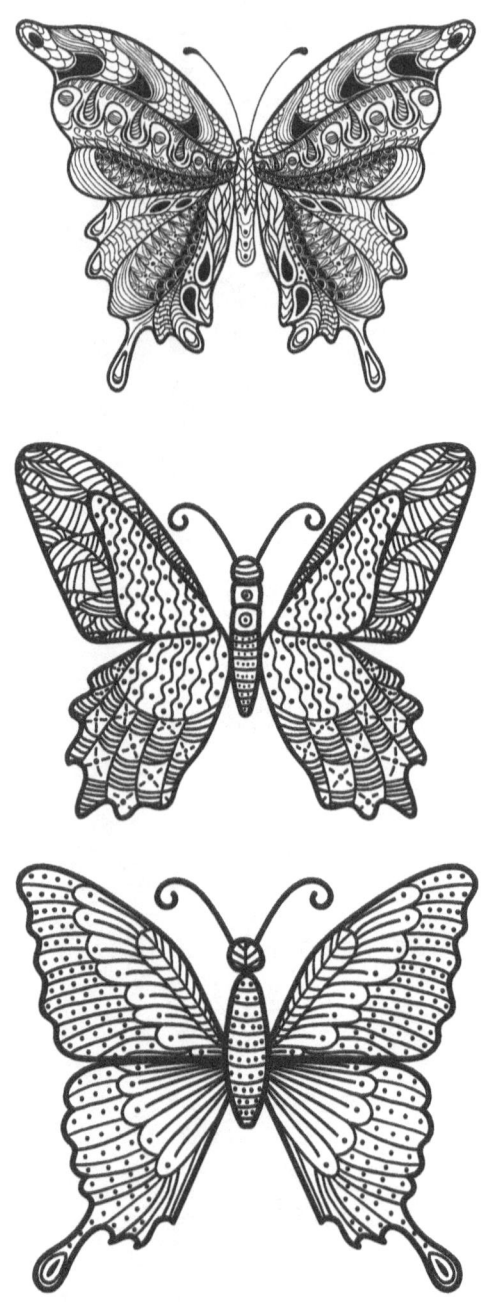

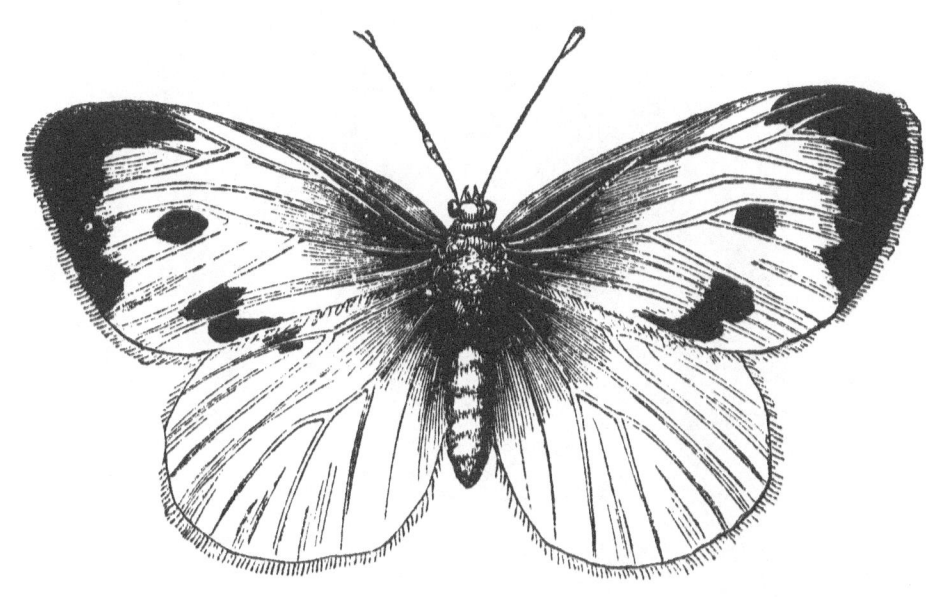

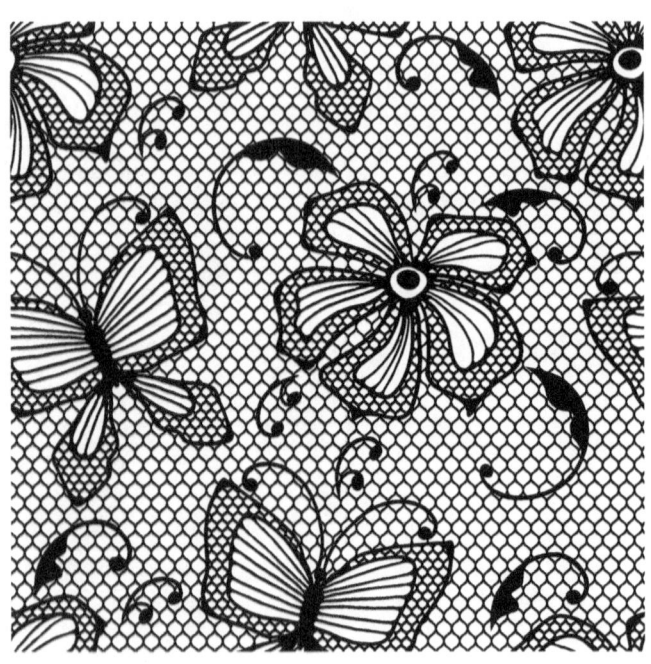

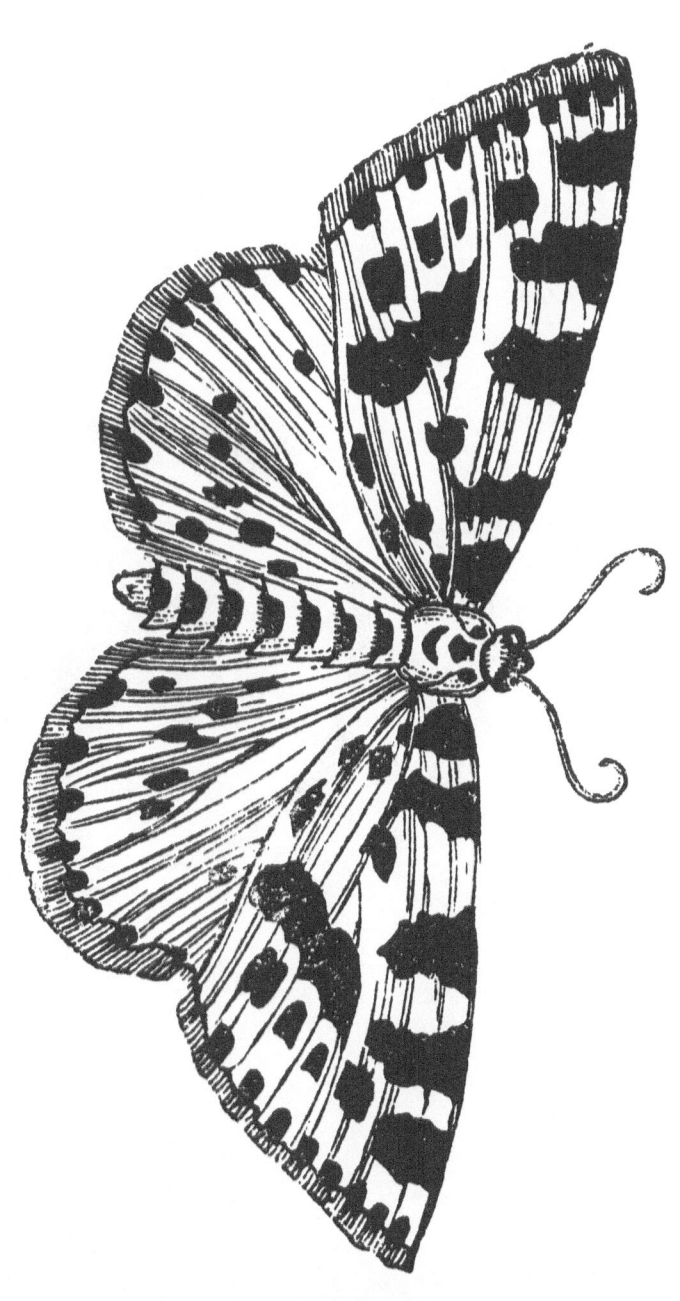

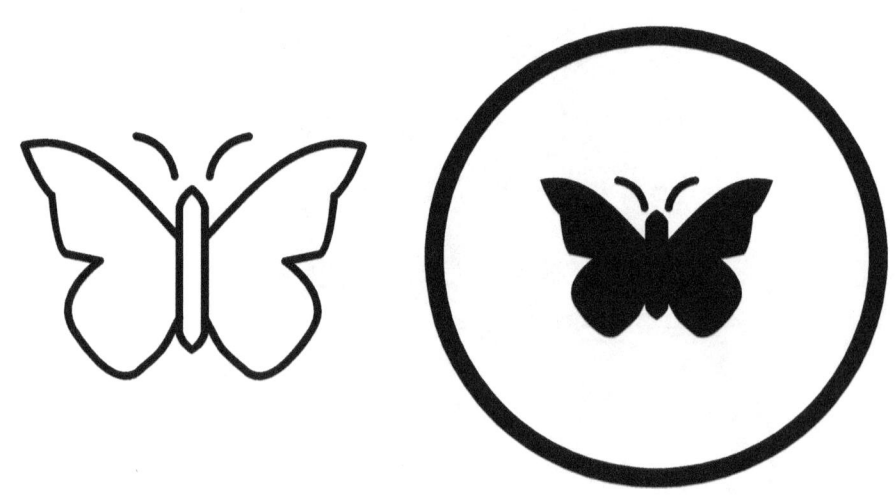

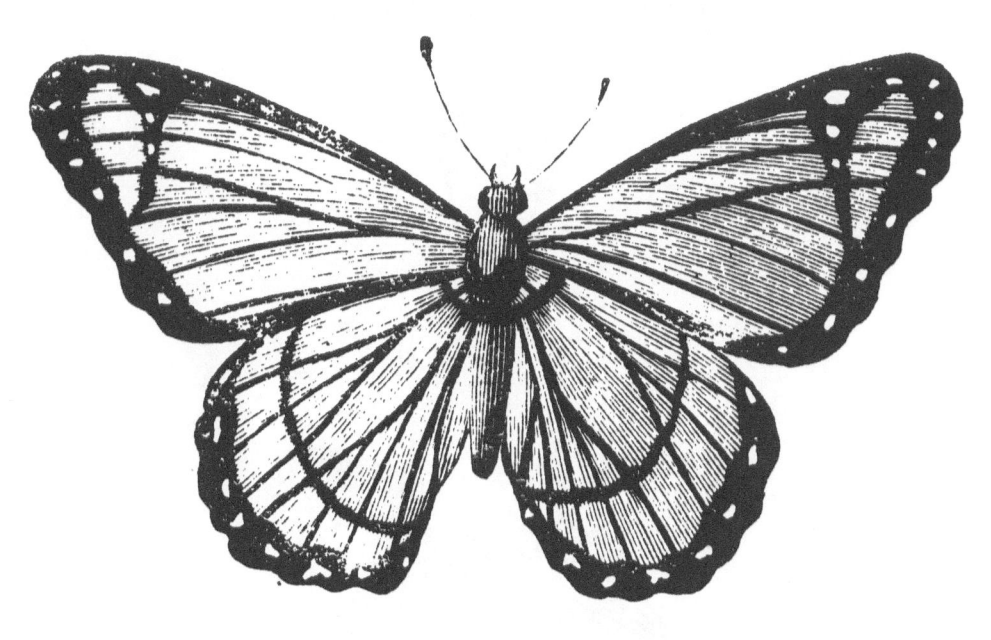

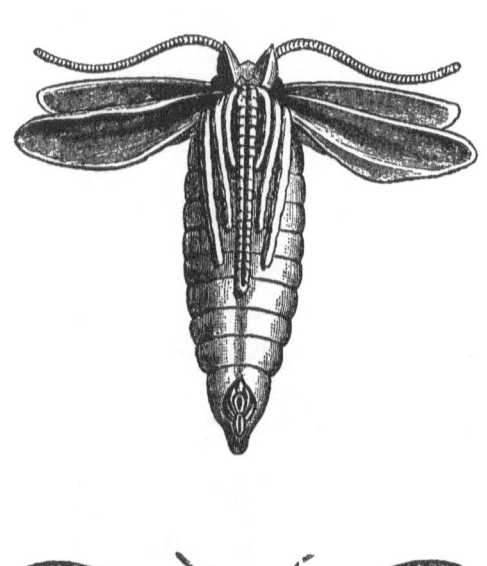
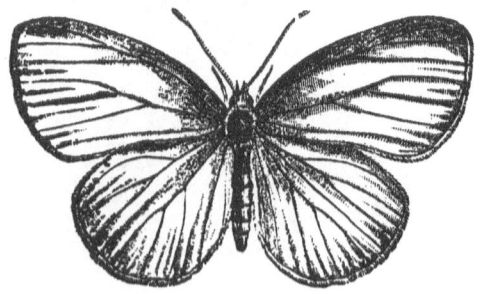

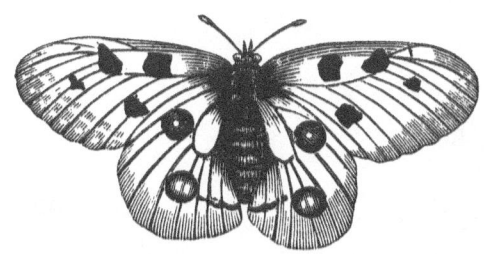

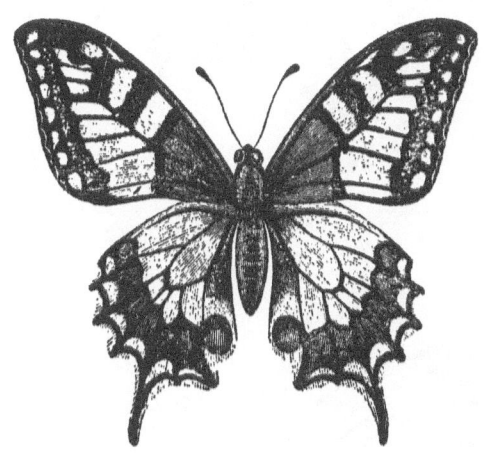

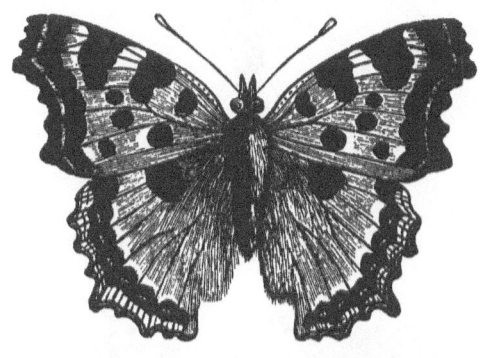

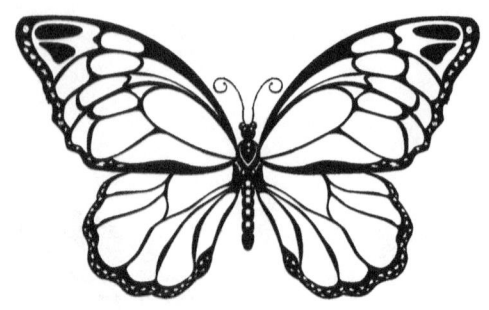

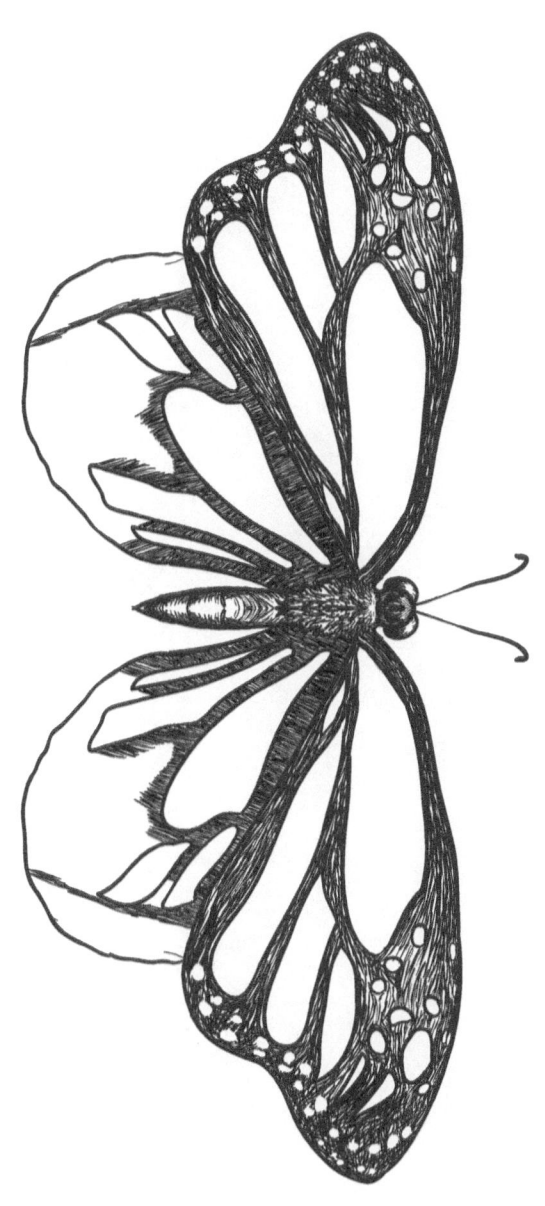

www.ingramcontent.com/pod-product-compliance
Lightning Source LLC
Chambersburg PA
CBHW020622220526
45463CB00006B/2647